Юрий Окунев

Феномен еврейской культуры

БОСТОН • 2014 • BOSTON

Юрий Окунев. *Феномен еврейской культуры*
Phenomenon of Jewish Culture by Yuri Okunev

ISBN 978-1-940220-08-6
Library of Congress Control Number: 2014939081

Макет и подготовка к печати: M·Graphics Publishing

В оформлении обложки использован рисунок
М. Шагала *«Давид и Вирсавия» (David et Bethsabée).*

Изображение взято с сайта Wikipainting.org. Оригинал находится в Musée National Message Biblique Marc Chagall, Nice, France

Фотографии в тексте — *Wikimedia.org*

M·Graphics Publishing
www.mgraphics-publishing.com
mgraphics.books@gmail.com
Phone: 781.990.8778

Printed in the United States of America

В СВОЕ ОПРАВДАНИЕ...

Автор этого очерка, вероятно, принадлежит к тем, кому менее всего пристало рассуждать о еврейской культуре, — я не говорю и не пишу ни на одном из еврейских языков, не имею никакого формального гуманитарного, искусствоведческого или, как говорят, культурологического образования. Все, что мне известно о еврейской культуре — результат доморощенного (то есть буквально — выращенного в домашних условиях) самообразования на почве русскоязычной и англоязычной литературы, результат собственных бессистемных наблюдений и размышлений. В своей профессиональной научной работе привык я быть на пике знаний и с этого пика судить о состоянии предмета исследования, поэтому, приступая к написанию данного очерка, испытываю чувство неловкости перед истинными знатоками еврейской культуры, перед высокообразованными профессионалами в этой области.[1]

Тем не менее есть, как минимум, два обстоятельства, влекущие отбросить сомнения и поделиться с читателями своими мыслями и, может быть, переживаниями. Первое — это мой личный тяжкий путь познания азов еврейской культуры, нелегкий, а подчас и горький, опыт преодоления выставленных на этом пути препятствий, равно как и собственного невежества. Второе — это удручающее состояние знаний о еврейской культуре у немалого числа в целом сравнительно образованных людей, в том числе у некоторых евреев, прояв-

---

Сокращенный вариант предлагаемого вниманию читателей очерка впервые был опубликован в 2013 г. на интернет-портале Е. Берковича «Заметки по еврейской истории» под названием «Вхождение в еврейскую культуру».

ляющих, а подчас и предпочитающих дремучее неведение о своей национальной культуре.

Вспоминаю, что классик русской литературы Федор Достоевский предварял свои дневниковые размышления, озаглавленные «Еврейский вопрос»,[2] следующими словами: «О, не думайте, что я действительно затеваю поднять еврейский вопрос… Поднять такой величины вопрос… я не в силах. Вопрос этот не в моих размерах. Но некоторое суждение мое я все же могу иметь». Мною владеет то же чувство — поднять такой величины тему, как введение в еврейскую культуру, я, конечно, не в силах, но поделиться с читателями некоторыми мыслями считаю возможным.

В итоге эта работа вылилась в собрание авторских размышлений у входа в гигантское хранилище еврейской культуры, полки которого уходят в глубь тысячелетий, а своды теряются в непостижимых небесных высях…

ПЕЧАТЬ ЕВРЕЙСКОГО АВТОРСТВА

Значительная часть интеллектуального реквизита в пьесе современного мира несет на себе клеймо еврейского авторства.

Пол Джонсон, британский историк

В детстве и отрочестве, которые пришлись на конец 1940-х и начало 1950-х годов в разоренном войной Ленинграде, я не знал о еврейской истории и культуре ничего. За десять лет советской школы об этом не было сказано ни одного слова. Все народы Советского Союза, все нации от А до Я — от абхазов до якутов, даже небольшие народности Севера, имели свою национальную историю и культуру, все — кроме евреев. Недостаток школьного образования «компенсировался» дворовым ликбезом, где мне популярно объяснили, что евреи — это жиды. От этих «жидов» начал разгораться в душе моей слабый огонек протеста — не может такого быть, чтобы мой народ был хуже всех других! Потом, в годы юности и молодости от того детского огонька заполыхал во мне жгучий интерес к еврейской истории и культуре, который поначалу сводился к наивному отысканию евреев среди великих людей. Еще не понимая, что всё в окружающем мире — от письменности и социальной философии до этики и эстетики — пронизано древнейшей еврейской культурой, я пытался укрепить состоятельность своего протеста длинной цепочкой гигантов мировой истории, культуры и науки:

Авраам, Исаак, Иаков, Моисей, Давид, Соломон, Исайя, Эзра, Иисус, Петр, Павел...

Уриэль Ако́ста, Филон Александрийский, Давид Бен-Гурион, Анри Бергсон, Исайя Берлин, Леон Блюм, Луис Брандес, Мартин Бубер, Отто Варбург, Людвиг Витгенштейн, Иегуда Галеви, Соломон Гебироль, Теодор Герцль, Генрих Грец, Бенджамин

Дизраэли, Моисей Маймонид, Карл Маркс, Моисей Мендельсон, Людвиг фон Мизес, Карл Поппер, Вальтер Ратенау, Давид Рикардо, Майер Амшель Ротшильд, Хаим Саломон, Барух Спиноза, Иосиф Флавий, Зигмунд Фрейд...

Лев Арцимович, Барух Бламберг, Сергей Бернштейн, Ханс Бете, Марк Блох, Нильс Бор, Макс Борн, Зельман Ваксман, Отто Генрих Варбург, Август Вассерман, Хаим Вейцман, Юджин Ви́гнер, Норберт Винер, Фриц Габер, Израиль Гельфанд, Генрих Герц, Уильям Гершель, Виталий Гинзбург, Яков Зельдович, Абрам Иоффе, Георг Кантор, Леонид Канторович, Леопольд Кронекер, Лев Ландау, Туллио Леви-Чивита, Юрий Лотман, Альберт Майкельсон, Леонид Мандельштам, Лиза Мейтнер, Илья Мечников, Герман Минковский, Александр Минц, Джон фон Не́йман, Амалия Нётер, Роберт Оппенгеймер, Арно Пензиас, Илья Пригожин, Иосиф Рапопорт, Давид Сарнов, Лео Сцилард, Эдвард Теллер, Илья Франк, Милтон Фридман, Владимир Хавкин, Юлий Харитон, Эрнст Чейн, Альберт Эйнштейн, Пауль Эрлих, Борис Якоби, Карл Якоби...

Ирвинг Берлин, Леонард Бернстайн, Курт Вайль, Панчо Владигеров, Жак Галеви, Джордж Гершвин, Исаак Дунаевский, Имре Кальман, Аарон Копланд, Густав Малер, Джакомо Мейербер, Феликс Мендельсон, Жак Оффенбах, Антон Рубинштейн, Арнольд Шёнберг, Альфред Шнитке...

Натан Альтман, Марк Антокольский, Леон Бакст, Исаак Левитан, Лазарь Лисицкий, Амедео Модильяни, Эрнст Неизвестный, Камиль Писсарро, Иегуда Пэн, Валентин Серов, Хаим Сутин, Роберт Фальк, Марк Шагал, Александр Тышлер...

Шмуэль Агнон, Айзек Азимов, Шолом Алейхем, Исаак Бабель, Сол Беллоу, Людвиг Бёрне, Иосиф Бродский, Хаим Бялик, Генрих Гейне, Василий Гроссман, Исаак Башевис Зингер, Илья Ильф, Франц Кафка, Станислав Лем, Стани́слав Ежи Лец, Осип Мандельштам, Менделе Мохер-Сфорим, Артур Миллер, Альберто Моравия, Андре Моруа, Семен Надсон, Борис Пастернак, Марсель Пруст, Айн Рэнд, Джером Сэлинджер, Юлиан Тувим, Говард Фаст, Лион Фейхтвангер, Семен Фруг, Лилиан Хеллман, Стефан Цвейг, Ирвин Шоу, Илья Эренбург, Леон Юрис...

Юрий Авербах, Исаак Болеславский, Михаил Ботвинник, Давид Бронштейн, Ефим Геллер, Гарри Каспаров, Виктор Корчной,

Эмануэль Ласкер, Григорий Левенфиш, Мигель Найдорф, Арон Нимцович, Лев Полугаевский, Самуэль Решевский, Акива Рубинштейн, Вильгельм Стейниц, Марк Тайманов, Михаил Таль, Зигберт Тарраш, Савелий Тартаковер, Роберт Фишер, Соломон Флор...

Михаил Александрович, Сара Бернар, Эмиль Горовец, Гарри Гудини, Джо Дассен, Беньямино Джильи, Эл Джолсон, Кирк Дуглас, Стенли Кубрик, Марсель Марсо, Асаф Мессерер, Соломон Михоэлс, Ив Монтан, Надежда Надеждина, Пол Ньюмен, Майя Плисецкая, Юлий Райзман, Аркадий Райкин, Фаина Раневская, Элиза Рашель, Марк Рейзен, Михаил Ромм, Симона Синьоре, Стивен Спилберг, Барбара Стрейзанд, Элизабет Тейлор, Иосиф Хейфец, Дастин Хоффман, Изабелла Юрьева, Леонид Якобсон...

Шарль Алькан, Леопольд Ауэр, Джошуа Белл, Бруно Вальтер, Генрих Венявский, Эмиль Гилельс, Сэмюэл Голдвин, Владимир Горовиц, Бронислав Губерман, Бенни Гудмен, Курт Зандерлинг, Йозеф Иоахим, Леонид Коган, Евгений Кисин, Отто Клемперер, Фриц Крейслер, Сергей Кусевицкий, Лазарь Меир Майер, Иегуди Менухин, Натан Мильштейн, Игнац Мошелес, Давид Ойстрах, Ицхак Перлман, Натан Рахлин, Эдди Рознер, Артур Рубинштейн, Самуил Самосуд, Исаак Стерн, Борис Хайкин, Яша Хейфец, Ефрем Цимбалист, Мария Юдина...

Припоминаю, как в молодые годы был потрясен, узнав из старой потрепанной книжки Эрнеста Ренана,[3] что Иисус Христос, мифологическому образу которого уже две тысячи лет поклоняются сотни миллионов религиозных людей, был, на самом деле, евреем, реально жившим в древнем Израиле. Не меньшим потрясением было знакомство с истинной биографией Карла Маркса по книге Франца Меринга,[4] из которой я впервые узнал, что «великий основоположник марксизма»[5] — тоже еврей. Много позже эта информация из книг Ренана и Меринга была дополнена своеобразно-ироничной оценкой знаменитого британского актера, режиссера и писателя Питера Устинова:[6]

«Они (евреи) не только дали миру двух вождей такого масштаба, как Иисус Христос и Карл Маркс, но и позволили себе роскошь не последовать ни за тем, ни за другим».

Шли годы, я узнавал мнения выдающихся личностей о народе, представители которого оскорбительно именовались на моей Родине жидами.

В 1808 году, один из отцов-основателей США и авторов исторической Декларации независимости, первый вице-президент и второй президент США Джон Адамс, в письме своему другу Фрэнсису Вандеркемпу следующими словами оценивал вклад евреев в мировую культуру (перевод с английского мой — *Ю. О.*):[7]

«Я настаиваю, что евреи сделали для цивилизации человека больше чем любая другая нация. Даже если бы я был атеистом и верил в слепую вековечную судьбу, я бы все равно считал, что эта судьба доверила евреям быть наиболее важным инструментом в цивилизации народов... Они представляют собой наиболее яркую нацию из всех населявших землю. Они дали религию трем четвертям населения земного шара, и они повлияли на достижения человечества много успешнее, чем все другие нации, древние или современные».

Эта оценка американского президента показалась мне особенно интересной потому что была сделана еще до масштабной эмансипации европейских евреев в посленаполеоновскую эпоху, еще до их массового вовлечения в мировую науку, искусство и социально-общественную жизнь Запада. Оценка Джона Адамса как бы подводила итог деятельности евреев в периоды древности и средневековья, что придавало ей особую значительность,— ведь Президент не мог достоверно знать, внесут ли евреи что-либо существенное в человеческую культуру во времена новой истории. Более того, в начале XIX века даже выдающиеся мыслители, в целом симпатизировавшие еврейству, полагали, что оно исчерпало свой креативный потенциал. По распространенному во времена Джона Адамса в культурной христианской среде мнению, еврейский народ сыграл значительную роль в духовной истории мира тем, что открыл концепцию монотеизма и сделал Библейские заповеди нравственной основой человеческого бытия — в этом виделось историческое предназначение евреев. Однако, как многие предсказывали, именно это конкретное предназначение влечет за собой неизбежное исчезновение евреев с исторической арены по завершении их миссии, превращает еврейский народ, образно говоря, в пустой сосуд. За последовавшие два столетия мировой истории еврейский народ претерпел такие страшные гонения, вплоть до попыток полного уничтожения, которые, казалось бы, должны были привести к безусловной реализации данного скорбного предсказания. Однако «теория пустого сосуда» не сработала, а оценка Адамса, напротив, получила весьма яркое подтверждение и развитие — не прошло и нескольких десятилетий как еврейский сосуд внезапно зафонтанировал с такой невиданной мощью, как будто в нем свершился Большой взрыв интеллектуального сгустка невероятной плотности. Фонтанируя с нарастающей силой уже полтора столетия, «пустой сосуд» совершенно непредсказуемо выплеснул из себя почти полтораста личностей, «принесших наибольшую пользу человечеству» — Нобелевских лауреатов в науке и литературе.[8] Выплеснул среди прочих и человека, признанного гением №1 XX века — Альберта Эйнштейна.

В наши дни оценка вклада евреев в мировую культуру, сделанная Джоном Адамсом двести лет тому назад, сильно укрепила свои позиции. Добавив к этой оценке новый двухвековой опыт человечества, выдающийся английский историк Пол Джонсон в своей фундаментальной «Истории евреев»[9] весьма выразительно констатирует:

«В древности они (евреи) были великими новаторами в религии и морали. В Темную эпоху и в Европе раннего средневековья они были все еще среди передовых народов… Постепенно их выбросили из кареты, и они… оказались в конце XVIII века в презираемом арьергарде цивилизованного человечества. И вдруг происходит удивительный второй взлет творческих способностей нации. Вырвавшись из своих гетто, они вновь преобразовали человеческое мышление, на этот раз в светской сфере. Значительная часть интеллектуального реквизита в пьесе современного мира несет на себе клеймо еврейского авторства».

СОЛОМОН НАУМОВИЧ РАБИНОВИЧ

Культуру нашу видят исключительно в разделении посуды на мясную и молочную.

Владимир Жаботинский, лидер сионизма

Мы здесь хотели бы обратить внимание на одну любопытную особенность заключений и Джона Адамса, и Пола Джонсона — в них речь идет о колоссальном вкладе евреев в мировую культуру, но ни слова не говорится собственно о еврейской культуре: «они дали религию..., они повлияли на достижения человечества..., они были великими новаторами..., они вновь преобразовали человеческое мышление...». То есть, еврейская культура — а ее не могло не быть, если она «повлияла», «преобразовала» и т. д. — постоянно растворяется в общечеловеческой культуре, наполняет ее новыми идеями и даже преобразует человеческую цивилизацию, но затем, выполнив свою новаторскую функцию, еврейская составляющая как бы исчезает в туманных далях обновленной ею мировой культуры. «Клеймо еврейского авторства» очень скоро стирается с «интелектуального реквизита в пьесе современного мира» и оказывается, что еврейская культура здесь якобы ни при чем, а еврейский недоброжелатель, именуемый антисемитом, делает большие глаза — а существует ли вообще эта самая еврейская культура?

В феномене растворения выдающихся национальных достижений в общечеловеческой культуре нет, на самом деле, ничего удивительного или предосудительного, если только это не преднамеренная акция с целью скрыть национальные истоки того или иного достижения. Например, итальянцы в свое время изобрели и выпестовали оперу, ставшую ныне достоянием мировой музыкальной культуры. Со временем «клеймо итальянского авторства», конечно, слегка потускнело на этом достоянии, но все же, по крайней мере, достаточно образованные люди знают и помнят об итальянском авторстве и, приехав в Венецию, не забывают посетить местный театр, где когда-то впервые прозвучали завораживающие мелодии из «Риголетто» великого Джузеппе Верди — оперное искусство остается нетленной составляющей итальянской культуры.

С еврейской культурой дела обстоят много хуже — здесь и «клеймо еврейского авторства» подчас забывают проставить, а если и проставят, то так, чтобы не всем было видно.

Хрестоматийный пример — христианство. Многие ли из двух с лишним миллиардов христиан на планете знают о еврейском происхождении этой вселенской религиозно-этической системы, о том, что ее прародитель — иудаизм? А из тех, кто знает, многие ли помнят о еврействе авторов Нового Завета, об иудее Павле и еврейских рыбаках из Галилеи, ставших Апостолами веры Христовой и разнесших ее по свету, о святых христианских первомучениках и первых Иерусалимских и Римских епископах — сплошь евреях? Многие ли помнят слова великого Папы Иоанна Павла II: «Евреи — наши старшие братья по вере». Совершенно поразительно и слегка смешно, с каким изобретательным тщанием христианство на протяжении веков скрывало свое еврейское происхождение; особенно усердно вытравливала из народного сознания всяческое напоминание о своих еврейских корнях русская православная церковь.[10]

Трагикомичная история с преднамеренным стиранием из памяти людей исторических и духовных корней христианства яляется одним из многих примеров насильственного отторжения значительных пластов человеческой цивилизации от еврейской культуры. Что же остается в ней после всех этих отторжений? Нам подсказывают — зажигание субботних свечей! Этот злонамеренный навет, этот дьявольский прием сведения всей еврейской культуры к нескольким бытовым и религиозным обрядам, отличающим евреев от других народов, резко осуждал и высмеивал еще 100 лет тому назад в очерке

«Критики сионизма»[11] Владимир Жаботинский. Он саркастически замечал, что критики сионизма видят самобытную еврейскую культуру «исключительно в разделении посуды на мясную и молочную». Резюмируя мнение подобных «критиков» о еврейской культуре, Жаботинский далее писал:

> *«Иначе говоря, весь духовный багаж еврея, как такового, сводится к лапсердаку, трефу*[12] *и субботе; кто носит пиджак, ест ветчину и пишет в день субботний, в том уже не осталось ничего еврейского; следовательно, вот в чем заключается еврейская культура, еврейские традиции: сумма внешних талмудических обрядностей, и больше ничего. После этого нисколько не странно, что «воскресение» такой культуры представляется делом реакционным и вредным».*

Выдающийся лидер национально-освободительного движения еврейского народа противопоставляет этим убогим представлениям о еврейской культуре великие духовные открытия Библейских пророков, которые, словно высеченные на Скрижалях Завета, составили подлинную основу еврейской культуры, и «через много столетий проявились и в сочинениях Спинозы, Гейне, Брандеса, Нордау, и в учении Маркса, и в деятельности Дизраэли–Биконсфильда». Ссылаясь, как он пишет — «для контраста», на сочинение Мориса Мюрэ,[13] отнюдь не симпатизирующего евреям и их идеалам, Жаботинский перечисляет лежащие в основе этих открытий принципы: мятежная ненависть ко всякому догмату; концепция всемирного братства людей; неприятие войны; стремление установить царство Божие на Земле, в противоположность арийскому идеалу царства Божия в загробном мире, и, как следствие этого стремления, склонность к социальным преобразованиям. Жаботинский далее пишет:

> *«Нельзя не отметить, что как друзья, так и враги наши всегда констатируют в нашем почти сорокавековом духовном творчестве постоянное присутствие одних и тех же основных идеалов, проникнутых принципами братства и социальной справедливости. Надо не уметь читать или не желать прочесть, чтобы не узнать этой*

правды; надо закрыть глаза и заткнуть уши, чтобы в самой жизни на каждом шагу не замечать слишком ясных подтверждений этой правды. И это все игнорируется, а культуру нашу видят исключительно в разделении посуды на мясную и молочную.»

Нельзя не отметить — продолжу я в подражание Жаботинскому — что за прошедшие сто лет многие евреи добились «значительного прогресса» в понимании еврейской культуры — они теперь отнюдь не видят культуру нашу «исключительно в разделении посуды на мясную и молочную» по той простой причине, что давно уже позабыли столь сложные и «мракобесные» материи, «прогресс же значительный» свелся к замене разделения посуды на непременное отплясывание «Хава нагилы» на ресторанных банкетах. Я сам восхищаюсь замечательной «Хава нагилой» — удивительно красивой и жизнерадостной мелодией и поразительно зажигательным танцем, но когда для еврея наша национальная культура начинается и кончается «Хава нагилой», меня, простите, оторопь берет. Несоразмерно большое число наших образованных и «приятных во всех отношениях» соплеменников затрудняются связать два слова, когда разговор заходит о еврейской культуре. О русской культуре они могут говорить много и содержательно — подчеркиваю это не в иронично-негативном, а, напротив, в весьма позитивном смысле. И о великих композиторах русских, и о художниках, и о знаменитых ученых, а о русских писателях и поэтах почти каждый может едва ли не лекцию-концерт устроить — просто замечательно! О французской культуре наш образованный соплеменник расскажет с ходу почти так же много и красочно, как о русской. О немецкой, английской, итальянской, испанской, голландской, греческой — расскажет без затруднений после краткой подготовки, даже об американской — кое-что вспомнит.

Что же касается еврейской культуры, то уже сам вопрос о ней вызывает у многих «интеллектуалов» некоторую недоуменную заминку — это о чем вы, дружище, спрашиваете, это что вы, собственно, имеете в виду? Затем, преодолев шок и понимая, что совсем уж отрицать существование еврейской культуры будет неполиткорректным, наш очень образованный соплеменник, пожалуй, назовет имена нескольких великих еврейских скрипачей и пианистов, скорее всего — Давида Ойстраха и Эмиля Гилельса, вспомнит, конечно, Феликса Мендельсона и Имре Кальмана, реже — Густава Малера и Жака Оффенбаха, почти никогда — Жака Галеви или Джакомо Мейербера, упомянет, безусловно, Нобелевских лауреатов в области литературы Шмуэля Агнона, Нелли Закс, Сола Беллоу и Исаака Башевис-Зингера, иногда припишет к нашим Осипа Мандельштама, Бориса Пастернака и Иосифа Бродского, а из нашей «старины», несомненно, вспомнит Шолома Алейхема, реже — Шолома Аша и Хаима Бялика, еще реже — Баруха Спинозу или Моисея Маймонида, почти никогда — Иегуду Галеви или Соломона Гебироля…

Чаще же всего и такого минимального признания не происходит, и замечательному писателю Соломону Наумовичу Рабиновичу под мелодии мюзикла «Скрипач на крыше» приходится одному отдуваться за всю великую еврейскую культуру, уходящую корнями в глубь тысячелетий…

ЕВРЕЙСКАЯ КУЛЬТУРА И ЧЕТЫРЕ ВЕРШИНЫ XX СТОЛЕТИЯ

Вероятно, ни один народ не имел такой многочисленной интеллигенции и не уважал ее так, как они.

Георгий Федотов, русский историк, философ

Подло эксплуатируя тот понятный факт, что евреи на протяжении двух тысячелетий были рассеяны среди других народов, расовые юдофобы пытаются доказать, что творческие достижения евреев есть результат их «паразитирования» на почве чужой культуры. Вот как, например, формулировал соответствующий постулат знаменитый швейцарский психолог Карл Густав Юнг[14]:

> «...*Еврей, как существо относительно кочевое, никогда не создавал, да и, пожалуй, никогда не создаст собственной формы культуры, поскольку все его инстинкты и талант зависят от того, насколько цивилизован народ-хозяин*...»

По мнению Юнга, которого многие современники обвиняли в добровольном сотрудничестве с нацистами, еврей способен лишь на имитацию, порой талантливую, навыков и культуры хозяев. Заметим, что здесь Карл Юнг повторяет расовые бредни почти столетней давности, сформулированные основоположником расового юдофобства немецким композитором Рихардом Вагнером. В юдофобском запале он забывает о своем великом учителе — еврее Зигмунде Фрейде, который радикально изменил «цивилизацию хозяев» созданием психоанализа.

Талант любого человека действительно произрастает и развивается на некоторой конкретной почве, в некоторой научной или художественной среде и, естественно, зависит от уровня развития этой среды. Хорошим примером является научная среда Соединенных Штатов — попав в нее, ученые разных национальностей, рас и культур становятся выдающимися специалистами, а подчас и Нобелевскими лауреатами. Поэтому, на поверхностный взгляд умозаключение Юнга представляется справедливым — достижения еврея, как и любого другого человека, конечно же, зависят от уровня развития страны, в которой он живет, учится и работает, т. е. от «цивилизованности хозяина». Это умозаключение, однако, оказывается ложным как только достижение еврея превосходит уровень «цивилизованности хозяина», ибо талант еврея, к счастью, зависит не от этой пресловутой «хозяйской цивилизованности», но от чего-то более возвышенного и вечного.

Любопытным примером является знаменитый Манхэттенский проект по созданию ядерного оружия, который, по мнению многих историков, предотвратил катастрофу третьей мировой войны. В проекте, как известно, участвовали многие тысячи американских ученых, инженеров и конструкторов — талантливых людей разных национальностей, но поражает доминирование евреев в интеллектуальной элите проекта. Даже самый короткий список евреев или полуевреев из этой элиты просто потрясает: Роберт Оппенгеймер, Эдвард Теллер, Лео Сцилард, Феликс Блох, Юджин Ви́гнер, Нильс Бор, Отто Фриш, Джон фон Не́йман, Ричард Фейнман, Исидор Раби, Виктор Вайскопф, Георгий Кистяковский, Джон Ке́мени, Рудольф Пайерлс, Станислав Улам, Рой Глаубер… Ученые с мировыми именами, первооткрыватели новых законов природы, Нобелевские лауреаты в области физики и химии.

Удивительный, поразительный список гениев, родившихся, учившихся и живших в разных странах с разным уровнем «цивилизованности хозяев» (Австрия, Англия, Венгрия, Германия, Россия, США, Швейцария и др.), но объединенных одним общим признаком — все они далеко превзошли тот уровень «хозяйской цивилизованности», который был им установлен в качестве верхней планки психологом Карлом Юнгом. Почему же не «хозяева», а, напротив, именно евреи доминировали в физической науке XX века? Почему не сами «хозяева», а евреи под «хозяйским присмотром» Карла Юнга и иже с ним совершили грандиозный прорыв в представлениях человечества об устройстве природы?

Не думаю, что возможен исчерпывающий ответ на этот метафизический вопрос, находящийся, как мне представляется, в компетенции самого Провидения. Тем не менее уверен, что объяснение кроется в глубинах именно той еврейской культуры, существование и саму возможность которой отрицает Карл Юнг. Вот какое любопытное позитивно-материалистическое объяснение дал этому феномену еврейской культуры выдающийся русский философ, историк и публицист Георгий Федотов:[15]

«В своем гетто они не только считали деньги или торговали восточными товарами. Они усердно изучали Тору и Талмуд. Вероятно, ни один народ не имел такой многочисленной интеллигенции и не уважал ее так, как они. Когда пришло время, тысячелетиями утонченный умственный аппарат оказался прекрасно приспособленным к современной аналитической и рациональной науке. Если средневековая схоластика была подготовительной школой научного мышления, то такой же школой был и Талмуд. Сыновья и внуки ученых раввинов становятся в первых рядах европейской науки. А тонкая нервная организация, тонкие пальцы, не изуродованные грубой работой, дают лучших музыкантов — скрипачей, пианистов — наших дней. Воспитанное Библией и вековым притеснением острое чувство социальной справедливости, где современный социализм перекликается с древними пророками, создает вождей пролетариата, глашатаев социальной революции, деятелей Интернационала. Еврейская революционная интеллигенция подрывает тот самый капитализм, в котором так уютно чувствовала себя еврейская буржуазия».

Блестящая, лаконичная, но исчерпывающая характеристика истоков еврейского вклада в мировую культуру!

На протяжении почти двух тысячелетий евреи были рассеяны по всему миру, не имели своей государтвенности и единого языка. Они говорили и писали на нескольких еврейских языках — древнееврейском, арамейском, ладино, идише и иврите, а кроме того — на языках тех народов, с которыми жили или общались. Многие выдающиеся произведения еврейских философов, ученых, теологов, писателей и поэтов написаны на греческом, латинском, арабском, персидском, турецком, испанском, итальянском, немецком, французском, фламандском, английском, русском, польском, чешском, венгерском, румынском и многих других языках… Это, несомненно, затрудняет идентификацию творчества еврейских авторов, но отнюдь не изменяет сути дела…

В качестве примеров приведем хорошо известных представителей еврейской культуры из четырех разных областей — науки, литературы, живописи и музыки. Это нетрудно сделать, ибо чем дальше мы уходим в будущее, тем виднее на изломанном горизонте прошлого четыре гигантские вершины — Альберт Эйнштейн, Франц Кафка, Марк Шагал и Густав Малер.

В справочной литературе принадлежность этих гениев к еврейской культуре и вообще к еврейству замазывается и забалтывается до сумасшедшего бреда, до откровенного издевательства над истиной. Например, выкручивается, что Альберт Эйнштейн — швейцарский, немецкий или американский ученый, или «американский физик немецкого происхождения», или, на худой конец, ученый без национальности — эдакий головастик интернациональный. Еврей Франц Кафка — немецкий, чешский или австрийский писатель; для него предлагаются и совсем экзотические определения, лишь только бы не проговориться — еврейский писатель. Наконец, «сиротинушка безродная» Марк Шагал — французский, американский, российский, русский, белорусский или еще, черт знает какой, художник. Заметая следы, биографы выставляют двойной заслон на пути к еврейству великого новатора — «французский художник белорусского происхождения». Это все не мои выдумки, это выписки из энциклопедий и справочников. Правда, про Густава Малера вариантов поменьше —

австрийский композитор однозначно, наш австрияк, ариец, эдакая «белокурая бестия»... И нигде ни слова — еврейский ученый, писатель, художник, композитор...

Заранее отклоняю все предсказуемые обвинения в «узком еврейском национализме», равно как и в каком бы то ни было преувеличенном педалировании еврейства великих людей, ибо нижеследующее обсуждение есть не более чем попытка противопоставить правду лживым утверждениям о том, что в духовном облике и в творчестве Эйнштейна, Кафки, Шагала и Малера нет ничего еврейского, кроме их «случайных» родителей, равно как и злонамеренному вымарыванию слов «еврей» и «еврейский» из официальных биографий этих гениев.[16]

Один из создателей современной физики Альберт Эйнштейн родился и провел детство в Германии, получил образование и сделал свои величайшие открытия в Швейцарии (21 год с 1893 по 1914), затем работал в Германии (19 лет с 1914 по 1933) и в США (22 года с 1933 по 1955). Тесная связь великого ученого с еврейским народом, сионистским движением и Государством Израиль подвергалась остракизму как на протяжении всей его жизни, так и после смерти. В нацистской Германии эта связь послужила причиной отторжения идей и научной школы Эйнштейна, за что немцы, в конечном итоге, поплатились значительной деградацией своих интеллектуальных возможностей. На другом полюсе мракобесия — в бывшем Советском Союзе, кичившемся своим «интернационализмом», эта связь, равно как и сам факт еврейского происхождения ученого, подвергались жесткому и подлому замалчиванию. В первой советской книге, содержавшей подробную биографию и анализ научного творчества Эйнштейна, выпущенной Академией наук СССР уже в послесталинские времена,[17] на 400-х страницах слова «еврей» или «еврейский» не встречаются ни разу — по-видимому, это было одним из условий издания книги, выдвинутых цензурой. Вспоминаю еще, что уже в 1980-е годы в СССР был выпущен справочник по истории физики[18] с краткими сведениями обо всех известных физиках. Сведения сопровождались маленькими портретами ученых размером с почтовую марку, но четыре «величайших ученых всех

Альберт Эйнштейн (1979–1955)

времен и народов» — Галилей, Ньютон, Ломоносов и Эйнштейн — были представлены большими портретами во всю страницу. Под первыми тремя портретами были подписи: «Г. Галилей — выдающийся итальянский физик...», «И. Ньютон — выдающийся английский ученый...», «М.В. Ломоносов — выдающийся русский ученый...» С нетерпением листая справочник, чтобы посмотреть, что написано под портретом Эйнштейна, я, в конце концов, нашел: «А. Эйнштейн — выдающийся физик-теоретик...» Я никогда не был склонен к преувеличенному вниманию к национальности ученых, но тогда подумал: «Если вы, товарищи-издатели, сочли необходимым подчеркнуть, что Михайло Ломоносов — русский ученый, извольте отметить, что Альберт Эйнштейн — еврейский ученый». Да, большая проблема случилась у биографов Эйнштейна, ибо все «благозвучные» определения — швейцарский, немецкий или американский ученый — как-то ко двору не пришлись, а сказать ясное и очевидное — еврейский ученый — язык не поворачивается.[19]

Еще хуже обстоят дела у биографов выдающегося писателя, знаковой фигуры в мировой литературе XX века, Франца Кафки. Кафка родился и прожил большую часть своей жизни рядом с еврейским кварталом старой Праги — местом Иосифовым. Он был частым посетителем его синагог, в том числе старейшей в Европе Старо-новой синагоги. Чехи чрезвычайно уважительно относятся к памяти своего великого соотечественника, трогательно и трепетно сохраняют все места города, связанные с его жизнью и творчеством, но... чешским писателем Кафку не считают потому что он писал свои произведения на немецком языке. (Тем не менее, пер-

Франц Кафка (1883–1924)

вой чешской международной литературной наградой мирового значения стала Премия Франца Кафки, присуждаемая чешским Обществом Франца Кафки совместно с городской администрацией Праги. В 2013 году этой премии удостоен израильский писатель Амос Оз.) К немецким писателям Кафка тоже как-то не прибился — у немцев хватило здравомыслия и деликатности не называть немецким писателем человека, всех родственников которого они уничтожили в концлагерях за еврейское происхождение. Иногда Франца Кафку называют «немецкоязычным писателем» — это уже в порыве словоблудия от полной безысходности. Более удачным многим представляется — «австрийский писатель», что, однако, тоже ни в какие ворота не лезет. Авторы «австрийского» варианта имеют в виду, что во времена Кафки, до Первой мировой войны, Прага была частью Австро-Венгерской империи, но тогда логично было бы назвать его «австро-венгерским писателем». Запутавшись окончательно во всех этих убогих австрийско-немецко-венгерских терзаниях относительно того, кем же является писатель Франц Кафка, биографы нашли, наконец, совершенно гениальный вариант, который я сам видел собственными глазами — «пражский писатель». Знаете, когда некто говорит, что у него мама русская, а папа юрист, то всем ясно, что некто — наполовину еврей. Так и с этим «пражским писателем» — всем ясно, что речь идет о писателе-еврее, жившем в Праге. А что еще вам, господа, собственно, нужно? Я — за это: Франц Кафка — великий пражский писатель! Можно было бы, конечно, сказать попроще: Франц Кафка — великий еврейский писатель, но это менее информативно, чем «пражский», а главное — язык не поворачивается произнести «еврейский писатель».

Если говорить серьезно, то творчество Франца Кафки во многом базировалось на глубинной, ветхозаветной принадлежности автора к еврейской культуре, хотя волею судьбы он писал на немецком языке. В одном из писем к переводчице Милене Есенской, в которую писатель был влюблен, содержится выразительное признание: «...у меня за плечами путешествие в 38 лет, да еще длиннее — ведь я еврей...» Это ощущение принадлежности к древнему народу с бесконечной трагической историей лежит в основе скрытого религиозно-философского подтекста его главного романа «Процесс», в основе всего созданного писателем кафкианского мира. Подобную интерпретацию творчества Кафки давал в свое время писатель Макс Брод, лучше кого бы то ни было знавший и понимавший своего великого друга. Он же обращал внимание на библейскую «Книгу Иова», как на важнейший источник романа «Процесс», его исходную мифологическую модель. Известно, что Кафка неоднократно обращался к этому величайшему по философской глубине и художественному драматизму произведению древней еврейской литературы. Разгадку таинственной сверхзадачи, которая увлекала писателя темными пражскими ночами в созданный им самим кафкианский мир, следует искать в трагической многотысячелетней истории евреев, начинавшейся со страданий библейского Иова — чистого праведника, чья вина никому не известна, непостижима и необъяснима. Роман «Процесс» есть аллегория бесконечного во времени кафкианского процесса над еврейским народом.[20] В последние годы своей жизни Франц Кафка мечтал переехать в Тель-Авив вместе со своей последней любовью Дорой Диамант — этому плану помешала тяжелая болезнь и смерть писателя в возрасте сорока одного года. Если бы его мечта осуществилась, возможно, будущим биографам не пришлось бы мучиться с трудным для них словосочетанием — выдающийся еврейский писатель Франц Кафка.

С третьим персонажем нашего небольшого экскурса в те неприятности, которые поджидают биографов незаурядных личностей еврейского происхождения,— с выдающимся еврейским художником Марком Шагалом,— случилась совсем скандальная история. Статья о нем в солидной Британской энциклопедии, помнится, начиналась эпически, с эдаким

Марк Шагал (1887–1985)

богатырским замахом: «Марк Шагал — французский художник белорусского происхождения». Ну, французский так французский — здесь мы особо возражать не станем, ибо «французами» нас — евреев, кто помнит, называли для благозвучной конспирации еще в Советском Союзе. Помню также, что мой ленинградский парикмахер говорил перед расчетом за стрижку: «Вы пришли ко мне старым евреем, а уходите молодым французом» — и я, и он оставались довольными. Так и с нашим великим художником случилось — он пришел в сей мир евреем Мовше Сегалом, а покинул его французом Марком Шагалом. Впрочем, не будем слишком придираться к британским шагаловедам за «французского художника», однако, как понимать это ихнее «белорусское происхождение»? Марк Шагал родился в Витебской губернии Российской империи (в те времена не существовало Белоруссии, как административно-государственного образования) в еврейской семье грузчика Захара Сегала — откуда же этот бред о «белорусском происхождении»? Время идет, оценки меняются — в современной Белоруссии, где на протяжении большей части XX века власти и народ по приказу Москвы отрекались, как от прокаженного, от своего великого соотечественника, прославившего эти края на весь мир, ныне открывают музеи Шагала и устраивают международные конференции по его творчеству. Что касается национальной идентификации этого творчества, то сейчас в моде более-менее «сбалансированная» оценка: «Марк Шагал — российский и французский художник еврейского происхождения», т. е. сам-то, конечно, еврей, но художник не еврейский, а, напротив, одновременно (параллельно-последовательно?) российский и французский. Что вся эта российско-французско-еврейская абракадабра означает, никто объяснить не может.

На самом деле Марк Шагал, пожалуй, самый еврейский художник такого высокого уровня за всю историю искусства. Его неповторимый художественный стиль с «варварской экспрессией и сумасшедшим цветом» не имел, конечно, никаких корней или продолжений ни в российском, ни во французском искусстве. В полотнах молодого Марка доминировала тема еврейской жизни Витебска 1910-х и 1920-х годов: Вид Витебска с Задуновского моста, Серый дом, Голубой дом, Ворота еврейского кладбища, Над городом, Прогулка, Продавец газет, Улица вечером, Праздник Кущей, Отец за столом, Моя деревня, Музыкант, Святой извозчик над Витебском, Я и деревня, Двойной портрет и многие, многие другие… Не похожий ни на кого, Марк трансформировал образы Витебска в общемировые, космического масштаба проблемы века. Местечковый музыкант, вознесенный вдохновением над куполами города, играет на скрипке, упираясь одной ногой в крышу деревянного дома а другой — в земной шар. Зелено-голубые влюбленные обнявшись летят над соборами, синагогами, улицами и садами провинциального города.

Темы еврейского Витебска — не эпизод творчества Марка Шагала, а вектор программной ориентации этого творчества. Как отмечала Наталья Апчинская,[21] Марк Шагал в своих произведениях умудрялся оставаться в Витебске, как бы далеко от него ни находился — в Берлине, в Париже или в Нью Йорке. Еще в раннем детстве Марк слышал о своем прадеде-рисовальщике, которого звали Хаим бен Исаак Сегал и который в XVIII веке размалевал Могилевскую синагогу. «Мамочка — говорил Марк на идише — я хочу быть художником. Ни приказчиком, ни бухгалтером я не буду. Спаси меня, мамочка». В школе живописи знаменитого еврейского художника Иегуды Пэна, куда Марка удалось пристроить,[22] он воспринял азы национальной живописи, ту присущую искусству Пэна едва уловимую наивность художественного мышления, которая, в сочетании с еврейским экспрессивным началом, как бы предвосхищала будущий стиль Шагала. Как-то молодой Марк встретился на даче под Витебском с главой Любавичских хасидов Реббе Иосифом Шнеерсоном. Марк был на распутье, искал свой стиль в искусстве, не хотел быть похожим на других, и Реббе посоветовал ему — делай то, что больше нравится. Эта встреча была важным этапом в формировании шагаловского радостного восприятия жизни, основанного на менталитете хасидизма. Так из далекого детства через встречу с Любавичским Реббе до самых последних полотен и фресок протянулась еврейская линия в искусстве Марка Шагала. Исследователи отмечают постоянное присутствие явных черт хасидизма в творчестве Шагала, а в некоторых его картинах обнаружен буквальный перевод на изобразительный язык еврейских идиом. Многие его художественные приемы основаны на воплощении образов еврейского фольклора, а подчас на прямой «визуализации поговорок на идише». Грандиозные росписи и фрески в общественных зданиях Парижа, Нью-Йорка и Иерусалима, огромное собрание картин «Библейского послания», картины на сюжеты Ветхого Завета и христианских Евангелий, все это — составляющие открытого Марком Шагалом нового художественного видения общечеловеческих проблем, видения, уходящего корнями в древнейшую еврейскую традицию и культуру.

В отличие от Марка Шагала, относительно Густава Малера в энциклопедиях нет ни разнобоя, ни шатаний — он, по «всеобщему мнению», австрийский композитор, ибо большую часть своей жизни работал и творил в Вене.

Признáюсь моим уважаемым читателям — я испытываю непреодолимую идиосинкразию к эпитету «австрийский» в приложении к великим венским евреям XX столетия. «Австрийскими» называют всех незаурядных ученых, музыкантов, писателей и философов еврейского происхождения — как тех, кто был убит австрийскими нацистами, так и бежавших из Австрии от фашистских преследований. Имре Кальман, Зигмунд Фрейд, Карл Поппер, Стефан Цвейг и десятки других выдающихся евреев, успевших убежать из Австрии до того как их бы отправили в газовые камеры Освенцима, ныне числятся великими австрийцами. Не знаю, как вам, уважаемые читатели, но мне столь дурно пахнущая бестактность представляется отвратительной и совершенно неприемлемой. После присоединения Австрии к гитлеровской Германии, одоб-

Густав Малер (1860–1911)

ренного, кстати, на плебисците девяносто девятью процентами «расово-полноценных» австрийцев, «высококультурные» жители прекрасной Вены с энтузиазмом присоединились к своим германским собратьям в терроре против евреев и даже превзошли их в издевательском рвении — евреев принуждали мыть венские тротуары и общественные туалеты в праздничной одежде, некоторых заставляли делать это зубными щётками или голыми руками, евреи не допускались в общественный транспорт. Более 120000 австрийских евреев бежали со своей родины, а 65000 не успевших убежать были поголовно уничтожены. До освобождения Вены советскими войсками 13 апреля 1945 года дожило 800 евреев из почти двухсоттысячного еврейского населения столицы — тысячелетняя культура и колыбель европейских талантов были уничтожены австрийцами за несколько лет!

Густав Малер к счастью не дожил до прихода австрийских фашистов к власти, но антисемитизма успел нахлебаться вдоволь. Известна любопытная история его назначения на должность директора Венской придворной оперы. Узнав об этом назначении, император Франц Иосиф спросил: «Но ведь он еврей?» Ему разъяснили, что Малер крестился, чтобы получить место директора. «Знаете,— заключил император — он мне больше нравился евреем». Крещение дало возможность Густаву Малеру стать ведущей, ключевой фигурой мировой музыкальной культуры конца XIX и начала XX веков, но не позволило ему отрешиться от своего еврейства. Композитор ясно сознавал это: «Везде я чувствую себя чужим — в Австрии как чех, в Германии — как австриец, и во всём мире — как еврей…»

Это осознание своей неотторжимой принадлежности к еврейству не могло не проявиться в творчестве Малера. Писатель Макс Брод, живший в Австро-Венгерской империи во времена Малера, находил в его симфониях сильную еврейскую составляющую. Известный музыковед и скрипач Артур Штильман[23] подтверждает эту точку зрения со ссылкой на мнение выдающегося эстонского дирижера Неэме Ярви:

«Недавно мне довелось встретиться с одним из последних могикан дирижёрского исполнительского искусства — Неэме Ярви… После концерта мне удалось задать Ярви давно мучивший меня вопрос относительно оценки симфоний Густава Малера в ключе возможного влияния на его творчество «еврейского менталитета» — в понимании Макса Брода… На мой прямой вопрос, чувствует ли он влияние еврейства Малера на его творчество он, не задумываясь, ответил — Конечно! Несмотря на крещение ему нигде не давали покоя…»

Музыкант и педагог Лев Мадорский,[24] известный своими публикациями по истории музыки, находит в произведениях Малера ту «еврейскую раздвоенность, в которой радость легко переходит в горе, лирика — в гротеск, так называемый бодрый патриотизм — в сарказм и пародию, веселый танец — в чудовищный танец смерти».

Как бы то ни было, но отмеченная еще Дмитрием Шостаковичем «двуслойность» еврейской музыки позволила Густаву Малеру возвысить симфоническую музыку до величайшей вершины. Выдающийся музыковед Иван Соллертинский, который по воспоминаниям современников[25] знал наизусть партитуры всех десяти симфоний Малера, дал следующую оценку творчеству композитора:[26]

«Десять симфоний Густава Малера, написанные в период с 1888 по 1911 гг., бесспорно, самое значительное, что создано в европейской симфонической музыке после Бетховена… Самую проблему симфонизма Малер поставил несравненно глубже и серьезнее других».

Грандиозные симфонии Малера с гигантскими оркестром и хором, которые просто не помещаются в концертных залах стандартного размера, воистину ошеломляют слушателей —

знаю это по собственному опыту. Не раз отмечалось, что музыка Малера способна вызывать нечто вроде религиозного экстаза. Стефан Цвейг рассказывал, что в годы юности он и его венские сверстники поклонялись «одному божеству, божеству демоническому — Густаву Малеру».[27] Сам композитор твердо настаивал: «Моя симфония должна стать чем-то таким, чего еще не слышал мир». Это кредо сродни аналогичным устремлениям Альберта Эйнштейна в науке, Франца Кафки в литературе, Марка Шагала в живописи, оно восходит к одной из основ еврейской культуры — жестковыйному нежеланию уподобляться кому бы то ни было и чему бы то ни было…

В завершение этих кратких размышлений о четырех гигантах еврейской культуры — Альберте Эйнштейне, Франце Кафке, Марке Шагале и Густаве Малере — хотелось бы еще раз подчеркнуть, что их связывает не только этническое происхождение — в действительности они воспитывались в очень разных условиях, родились и жили в разных странах, не были похожими ни по характеру, ни по роду занятий. В значительной степени их связывает коренная, фундаментальная, переходящая по наследству принадлежность к еврейской культуре. Непостижимая и прекрасная теория Альберта Эйнштейна, перевернувшая представления людей не только о пространстве и времени, но и о месте человека во Вселенной; загадочный и до сих пор до конца не понятый кафкианский мир Франца Кафки; ни на кого и ни на что не похожий, космических масштабов мир образов и красок Марка Шагала; грандиозные, вызывающие едва ли не религиозный экстаз симфонии Густава Малера — все это есть гениальные отблески нетленных оснований еврейской культуры: жестковыйности[28] в творчестве и в отстаивании своих идей, мятежного отторжения догматов и стандартных решений, яростного неприятия несправедливости и смирения перед ней!

АЗБУКА, ОТ КОТОРОЙ ВЕЕТ ТЫСЯЧЕЛЕТНЕЙ ДРЕВНОСТЬЮ

Reader! Lover of books! Lover of heaven,
And of that God from whom all books are given,
Who in mysterious Sinais awful cave,
To Man the wond'rous art of writing gave...

Вильям Блэйк, английский поэт

Помимо перечисленного выше, в фундамент еврейской культуры, безусловно, входит поразительно стойкое стремление к образованию, равно как и поголовная тяга к чтению и письму с древнейших времен, когда у других народов грамотность была еще профессиональным занятием привилегированных одиночек. Позволю себе напомнить читателям, что всеобщее обязательное начальное образование было введено в еврейском государстве в I веке до н. э. во времена правления иудейской царицы Александры. Историк Макс Даймонт по этому поводу писал[29]: «За сто лет до рождения Христа, в мире сплошной безграмотности еврейский народ в своем крохотном государстве практически решил эту проблему». Недавно в издательстве Принстонского университета опубликовано совместное исследование[30] двух ученых-экономистов из Италии и Израиля, которые обосновали невероятный экономический успех евреев во времена средневековья (вопреки всем препятствиям и преследованиям) их всеобщей грамотностью (на фоне тотальной неграмотности окружающего мира), основанной на постоянном, с детских лет, чтении Торы и Талмуда. Подобная точка зрения на истоки творческих успехов евреев, вообще говоря, не является новой — как мы видели выше, похожую позицию в отношении более поздних времен выдвигал и Георгий Федотов. Льву Толстому приписывают высказывание: «Еврей — первооткрыватель культуры. Испокон веков невежество было невозможно на Святой Земле — и в большей мере, чем ныне в цивилизованной Европе...»

Так или иначе, но традиционное стремление евреев к образованию, пожалуй, является общим местом всех рассуждений на данную тему. Что, однако, менее известно, а подчас и злонамеренно скрывается, так это серьезная причастность семитских народов, в том числе древних евреев, к истокам письменности и, в первую очередь, к изобретению алфавитного письма (см. книгу Макса Даймонта «Евреи, бог и история»). В 1940 году Гитлер запретил использование традиционной для Германии готической формы латинского алфавита, поскольку увидел в готических буквах схожесть с буквами так называемого квадратного еврейского алфавита. Вообще у нацистов была навязчивая неприязнь ко всем европейским алфавитам, ибо все они имели не арийские, а, напротив, семитские корни. Нацисты пытались противопоставить общепринятым в Европе алфавитам семитского происхождения древнегерманский рунический алфавит, который, якобы, имел несемитские корни. Известно, что знаки этого алфавита — руны — широко использовались, как символы эсэсовских дивизий германского вермахта, и даже служили, по указанию Гиммлера, знаками отличия офицеров СС. Нужно сказать, что у немецких нацистов были все основания остерегаться использования существующих алфавитов в «расово чистом, арийском тысячелетнем рейхе», ибо все они действительно имели «расово неполноценное», семитское происхождение.

В отличие от многочисленных языков народов мира, группы которых, как предполагается, возникли независимо и не имеют между собой ничего общего, все существующие алфавиты имеют один общий корень — древний семитский протоалфавит! Мы здесь попытаемся лишь деликатно прикоснуться к этой великой теме, имеющей самое непосредственное отношение к еврейской истории и культуре.

Алфавитное письмо или просто — алфавит, безусловно, является самым удивительным и значительным изобретением человечества. Уму непостижимо, как в темной глубине веков, в древности, не знавшей для письменного изложения ничего кроме картинок-иероглифов и клинописи, возникла эта ошеломительная идея алфавитного письма. Описать все возможные объекты и явления мира, закодировать всё, что произносится на человеческом языке, причем на любом языке, с помощью нескольких десятков букв — эта идея и поныне вызывает трепетный восторг. Кто тот великий изобретатель идеи кодированного письма, где он жил и для чего разработал прото-алфавит? Как он дошел тысячелетия тому назад до центральной идеи теории кодирования: с помощью последовательности небольшого числа фиксированых символов можно представить любую мысль и описать любой предмет и понятие!

История изобретения алфавитного письма до сих пор остается загадочной и вокруг этой загадки роятся легенды. Писатель Редьярд Киплинг написал известную детскую сказку «Как был придуман алфавит» — девочка Таффимай придумала буквы, глядя на различных животных во время прогулки со своим отцом-охотником. Апологеты греческой культуры сочинили другую сказку — якобы, древние греки изобрели алфавит для того, чтобы записать поэмы великого Гомера. Другие полагают, что алфавит изобрели финикийцы — древний народ мореплавателей семитского происхождения, живший на побережье Восточного Средиземноморья в районе современных Израиля и Ливана и говоривший на семитском наречии, близком к древнееврейскому. Это уже ближе к истине, но не сама истина, ибо, в действительности, финикийский алфавит, наряду с древнееврейским, был лишь промежуточным звеном между неким древнесемитским прото-алфавитом и древнегреческим алфавитом.

Согласно современным научным воззрениям, алфавитная письменность возникла в середине II тысячелетия до нашей эры где-то в регионе Восточного Средиземноморья на территории от Синайского полуострова на юге до Сирии на севере.[31] Выделяют две теории, которые условно назовем Синайской версией и Ханаанской версией.

Синайская версия возникновения прото-алфавита основана на находке в заброшенных шахтах по добыче бирюзы в отдаленной местности Синайской пустыни небольшой скульптуры сфинкса. Находка была сделана в 1905 году, скульптура датируется примерно 1500 годом до н.э., ныне этот сфинкс является экспонатом Британского музея в Лондоне. На сфинксе были вырезаны знаки неизвестного алфавита — всего около 30 знаков-букв. Сопоставив буквы этого алфавита с египетскими иероглифами, выбитыми на том же камне, специалисты отождествили их с названиями букв древнееврейского алфавита: алеф (бык), бейт (дом), гимел (верблюд), далет (дверь) и т. д. Британские археологи нашли вблизи тех древних шахт наскальные надписи с использованием этого прото-алфавита; они, судя по всему, принадлежали к семитскому языку ханаанских племен, живших в середине II тысячелетия до н. э. на территории нынешних Израиля и Ливана. По предположению ученых, ханаанеяне работали в шахтах в качестве рабов египетских фараонов XVIII династии — возможно, именно они изобрели прото-алфавит.

Некоторые ученые делают смелое предположение о связи Синайского прото-алфавита с Библейской историей Исхода евреев из Египта. По оценкам историков,[32] исход евреев из Египта и их 40-летнее странствование по Синайской пустыне имели место в XIII веке до н. э., поэтому допускается, что знаменитые Десять Заповедей на Скрижалях Завета могли быть записаны Моисеем на древнееврейском языке именно этим Синайским прото-алфавитом. Как не вспомнить в связи с этим строчку из стихотворения Вильяма Блэйка (перевод мой, оригинальный текст всего четверостишия помещен в эпиграфе данного раздела — *Ю. О.*): «В таинственной Синайской пещере Бог дал человеку чудесное искусство письменности» — как в воду глядел замечательный английский поэт за сто лет до открытия Синайского прото-алфавита в каменоломнях Синайского полуострова!

Ханаанская версия возникновения прото-алфавита основана на находках на территории нынешних Израиля и Ливана нескольких семитских надписей, сделанных с помощью знаков-букв некоего древнего алфавита, называемого Ханаанским прото-алфавитом. Надписи датируются XVII–XVI веками до н. э., то есть они более древние, чем Синайские, поэтому ученые склонны отдать пальму первенства в изобретении алфавита ханаанеянам, жившим на территории нынешнего Израиля в середине II тысячелетия до н. э. Это предположение подкрепляется другими историческими и географическими фактами — ханаанеяне были умелыми международными торговцами, они жили на перекрестке дорог между Египтом, Вавилоном и другими крупнейшими империями древнего мира и остро нуждались в простом и общедоступном способе письменного общения.

Как бы то ни было, гениальный изобретатель алфавитного письма жил в середине II тысячелетия до н. э., скорее всего, в древнем Ханаане, говорил на семитском наречии и сочинил первый алфавит из согласных звуков, называвшихся древнееврейскими словами — алеф, бейт, гимел, далет... Этот прото-алфавит, который назовем условно синайско-ханаанским (иногда в научной литературе прото-алфавит называют северо-семитским или западно-семитским), постепенно модифицировался и распространялся среди народов Средиземноморья.

Где-то в XI веке до н. э. модифицированная версия синайско-ханаанского прото-алфавита стала основой очень близких древнееврейского и финикийского алфавитов — в них все еще были в основном согласные буквы и имели они по прежнему древнееврейские названия — **алеф, бейт, гимел, далет**... В VIII веке до н. э. финикийский алфавит попал к древним грекам, греки добавили к нему несколько гласных букв, и буквы нового греческого алфавита стали называться — **альфа, бэта, гамма, дельта** и т. д. От греков через этрусков алфавит распространился на Аппенинский полуостров, где в IV веке до н. э. был преобразован в латинский алфавит с буквами — **а, бэ, це, де** и т. д. От латинского алфавита в эпоху Римской империи возникли все модификации западно-европейских алфавитов. В IX веке н. э. на базе греческого и древнееврейского алфавитов был создан кириллический алфавит с буквами — **аз, буки, веди, глагол** и т. д., ставший основой письменности на многих языках, включая русский язык, языки некоторых славянских народов и ряда народов бывшего Советского Союза.

Другая линия развития синайско-ханаанского прото-алфавита шла через родственные древнееврейскому финикийский и арамейский алфавиты. Арамейский алфавит был официальным в письменности позднего Вавилона, Ассирийской и Персидской империй. Его использовали евреи во времена царя Ирода Великого, Иисуса Христа, Апостолов и Епископов раннего христианства — вероятно, арамейским алфавитом были написаны оригиналы Евангелий. От арамейского алфавита пошли арабский, персидский и, возможно, индийский алфавиты. Древнееврейский алфавит использовался при написании Пятикнижия (Торы) и других книг Ветхого завета с конца XI века до V века до н. э. С IV века до н. э., в эпоху Второго храма, евреи начали использовать при письме модифицированный под влиянием арамейского алфавита ново-еврейский алфавит, получивший позднее название «квадратного еврейского алфавита» — его модификация дошла до наших дней в виде алфавита официального языка Государства Израиль — иврита.

Удивительная, возвышенная и загадочная история создания алфавитной письменности! Из всех древних народов, участвовавших так или иначе в создании первого в мире прото-алфавита и донесших алфавитное письмо до древних греков, сохранился на Земле только еврейский народ. Ханаанеяне, финикийцы и другие народы Средиземноморья, внесшие важный вклад в этот исторический процесс, не только полностью исчезли, но и не оставили никаких значительных письменных источников, созданных с помощью того алфавита, который они принесли человечеству. И только еврейский народ донес до нашего времени Книгу книг, написанную буквами еврейского алфавита, почти не отличимого от того, который был изобретен гением человека три с половиной тысячи лет тому назад. Взволнованно говорил об этом русский писатель Александр Куприн:

«...этот таинственный народ... сохранил священный язык своих вдохновенных божественных книг, сохранил свою мистическую азбуку, от самого начертания которой веет тысячелетней древностью!»

ПЕСНИ ВСЕВЫШНЕГО

> Представьте себе, что Вселенная начинает звучать… Поют уже не человеческие голоса, а кружащиеся солнца и планеты…
>
> *Густав Малер*

Из всех искусств больше всего меня влечет музыка, о которой, однако, могу судить лишь как рядовой слушатель. Недавно на юбилейном торжестве известных музыкантов посчастливилось мне побеседовать о еврейской составляющей мировой музыкальной культуры с двумя специалистами, имеющими самое непосредственное, профессиональное отношение к музыке. Первый из них сначала сказал, что «еврейской музыки, как таковой, не существует», но затем, подумав, добавил — «быть может, за исключением клезмерской музыки». Пытаясь отстоять существование хоть каких-нибудь ростков еврейской музыкальной культуры, я упомянул двухтысячелетнюю историю синагогальной музыки, включая изумительное пение канторов, но мне было разъяснено, что канторы пели по музыкальным канонам тех стран, где они жили. Смущенный этим профессиональным мнением, я беспокойно заметался среди своих дилетантских познаний: «Как же так получается — в мире полно выдающихся, даже гениальных композиторов-евреев, не меньше половины всех великих музыкантов — дирижеров, скрипачей, пианистов и т. д.— имеют еврейское происхождение, а еврейская музыка, тем не менее, якобы не существует. Никто не сомневается в существовании, скажем, немецкой, итальянской или русской музыки, а существование еврейской музыки неведомо даже профессионалам». Озадаченный этой нестыковкой я обратился ко второму специалисту с тем же вопросом о еврейской музыке — он решительно сказал, что, пожалуй, «значительную часть мировой музыки можно считать еврейской либо по содержанию, либо по происхождению». Я попросил уточнить, как это следует понимать, и мне было разъяснено, что, например, «Страсти по Иоанну» и «Страсти по Матфею» Иоганна Себастьяна Баха имеют библейское, то бишь — иудео-христианское содержание, восходящее к еврейским литературным первоисточникам, а, скажем, скрипичный концерт Феликса Мендельсона имеет еврейское происхождение по национальности автора. Из этих бесед с музыкантами мне стало ясно лишь одно — идентификация еврейской составляющей музыкального искусства является серьезной проблемой даже для профессионалов.

Осознав эту проблему, обратился я к Еврейской энциклопедии Брокгауза и Ефрона столетней давности, которой, тем не менее, привык доверять. Там нашел большую статью (16 крупномасштабных страниц текста мелким шрифтом с приложением нотных записей) о еврейской музыке[33] и о еврействе в музыке — так и захотелось воскликнуть словами Галилея: «А всё-таки она вертится!». Потом прочитал несколько статей современных авторов на эти темы. Дополнительной подпоркой надежды на существование еврейской музыки было известное высказывание Дмитрия Шостаковича:[34]

> *«…еврейская народная музыка повлияла на меня сильнее всего. Я не устаю ей восторгаться. Она так многогранна. Она может казаться радостной и в действительности быть глубоко трагичной. Почти всегда это смех сквозь слезы. Это качество еврейской народной музыки очень близко моему представлению о том, какой должна быть музыка. Она должна всегда иметь два слоя. Евреи так долго мучались, что научились скрывать свое отчаяние. Его они выражают в танцах. Каждая настоящая народная музыка прекрасна, но еврейская — единственная в своем роде».*

Эти слова моего любимого композитора всколыхнули далекие воспоминания… В 1959-м я был студентом Ленинградского электротехнического института связи, а в Москве летом того года открывалась первая Американская выставка — немыслимое для советского человека инопланетное чудо. Я, конечно, мечтал попасть на выставку, и, чтобы заработать на путешествие в Москву, мы с приятелем целый месяц натаскивали симпатичного морского офицера с Северного флота по математике и физике для поступления в Военно-морскую академию. Наш «ученик» щедро заплатил за учебу, и вот мы в Москве. Выставка была развернута в Сокольниках и по случаю ее открытия в Зеленом театре парка им. Горького состоялся большой концерт американских артистов. Не помню уже всех номеров того концерта, но осталось ощущение непрерывной цепи ошеломительных сенсаций — мы прежде никогда не видели зарубежную эстраду. Внезапно на сцене появились две очаровательные, стройные и, как теперь бы сказали — сексапильные, женщины. В совершенно незнакомой нам раскованнной манере они начали петь неведомые и лихие еврейские песни — это был знаменитый дуэт Сестер Бэрри. Честно говоря, я тогда не сразу понял, что исполняются еврейские песни, но сердце как-то сразу откликнулось и радостно-тревожно сжалось. Потом многие годы мы слушали Сестер Бэрри на идише, иврите и английском в примитивных перезаписях и по зарубежным радиоголосам: знаменитые «Бублички», «Чирибим-чирибом», «Купите папиросы», «Тум-балалайка» и «Шмаровозник», восхитительные «А идише мама», «Хава нагила», «Крутится, вертится шар голубой...», «Где взять немного счастья», «Скажи мне это еще раз» и многие другие...

Прошли еще годы и вот, наконец, еврейская народная музыка вырвалась в России на свободу — Ефим Александров создал грандиозный музыкальный спектакль «Песни еврейского местечка». Когда в финале концерта Ефим вместе с хором мощно запевает знаменитую «Эвейну шолом алейхем...», весь зал встает, все берутся за руки, и тогда... под сводами зала звучит величественная, похожая на гимн, бессмертная еврейская мелодия «Ло мир але инейнем...» («Давайте все вместе...»). Наверное, это именно тот «смех сквозь слезы», о котором так эмоционально говорил Дмитрий Шостакович: еврейская музыка — «единственная в своем роде»!

Вернемся, однако, к нашей теме. После всех блужданий в лабиринтах «еврейства в музыке» мне представляется, что ев-

Арнольд Шёнберг (1874–1951)

рейская составляющая мировой музыкальной культуры еще ждет своего правдивого и всеохватного исследования.

Эта составляющая уходит корнями во второе тысячелстие до н. э., в библейские времена, когда юный красавец Давид развлекал искусной игрой на арфе погруженного в меланхолию первого царя Израиля Саула… Начав в седой древности, по-видимому, с бараньего рога — шофара, евреи уже к началу первого тысячелетия до н. э. владели обширным музыкальным инструментарием: гусли, свирель, тимпан, флейта, труба, рожок, арфа, кимвал, бубен, барабан и даже… гидравлический орган. В библейские времена игрой оркестров и хоровым пением сопровождались праздничные шествия, свадьбы и службы в Иерусалимском Храме. Музыка храмовой службы тщательно сохранялась левитами и передавалась из поколения в поколение — впоследствии библейская литургия составила основу литургии христианской церкви. В послебиблейские времена, на протяжении почти двух тысячелетий жизни евреев в изгнании, развивалась синагогальная музыка с пением канторов, многие из которых были, на самом деле, блистательными композиторами и певцами — образцы синагогальной музыки сохранились до нашего времени и исполняются в синагогах по всему миру.

Выдающимся примером еврейской литургической музыки является знаменитая молитва «Кол нидрей». Корни этой старинной мелодии уходят в глубокое средневековье. В новую эпоху многие известные композиторы приходили в синагогу в Йом Кипур, чтобы послушать этот знаменитый литургический гимн. Людвиг ван Бетховен включил мелодию «Кол нидрей» в один из своих квартетов, она послужила основой знаменитой пьесы для виолончели с оркестром Макса Бруха и концерта Арнольда Шёнберга для хора и оркестра. «Кол нидрей» также известна в наше время в многочисленных эстрадных интерпретациях.

Антон Рубинштейн (1829–1894)

В XVI веке появилась клезмерская музыка, основанная на древнем еврейском фольклоре и первоначально исполнявшаяся небольшими оркестрами на свадебных торжествах. Слово «клезмер» составлено из двух слов на иврите, обозначающих «музыкальные инструменты». Со временем клезмер превратился в еврейскую народную музыкальную традицию и песенный стиль, сродни американской народной музыке в стиле «кантри». В XIX и XX веках замечательные клезмерские мелодии оказали сильное влияние на русский городской романс и так называемую блатную песню — аранжировки в стиле клезмера до сих пор популярны у многих авторов и исполнителей в этих жанрах.

Во времена новейшей истории, с начала XIX века, случился необычайно мощный взлет еврейского музыкального таланта, наполнивший мировую музыкальную культуру множеством выдающихся композиторов, великих исполнителей и дирижеров, и, наконец, незаурядных организаторов музыкального образования. Антон Рубинштейн был не только выдающимся композитором, дирижером и пианистом, но и основателем Санкт-Петербургской консерватории, а его брат, талантливый пианист Николай Рубинштейн — основателем Московской консерватории. Феликс Мендельсон был не только великим композитором, дирижером и пианистом, но и основателем первой в Германии консерватории.

Особенно значительным был вклад евреев в российскую и советскую музыкальную культуру XX века. Нельзя не вспомнить, что Санкт-Петербургская и Московская консерватории изначально носили имена Антона и Николая Рубинштейнов, соответственно,— в советские времена они были переименованы. Имена основателей сохранились, однако,

Елена Гнесина (1874–1967)

за Российской академией музыки имени Гнесиных. У истоков этой всемирно известной музыкальной школы стояли дети ростовского раввина Фабиана Осиповича Гнесина и пианистки Беллы Исаевны Флетзингер. Председатель Союза композиторов СССР Тихон Хренников писал:

«Я преклоняюсь перед семьей Гнесиных, их общественная и преподавательская деятельность имеет огромнейшее значение для развития русской музыкальной культуры. Они сделали не меньше, чем семья евреев Рубинштейнов. Их влияние колоссально, они по сути дела определили развитие музыкальной культуры России, музыкального образования в нашей стране...»

Тем не менее, очень непросто выделить еврейскую составляющую мировой музыкальной культуры, потому что музыка космополитична по своей природе и воздействию, она национально окрашена или этнически ориентирована в значительно меньшей степени, чем, скажем, литература или живопись. Тема еврейской составляющей в музыке обсуждается давно и остро. Зоологический антисемит Рихард Вагнер сочинил в свое время известный пасквиль «Еврейство в музыке», где, в частности, пугал обывателей «аморальной зловредностью» еврейской музыки. Его юдофобская желчь изливалась, в первую очередь, на выдающихся композиторов-евреев — Феликса Мендельсона, Джакомо Мейербера и Жака Галеви. Петр Ильич Чайковский с сарказмом высмеивал антисемитизм Вагнера, противопоставляя его «скучным операм» «безупречно чистый стиль Мендельсона». В 1869-м году русский музыкальный и художественный критик Владимир Стасов, высоко ценивший еврейское искусство, выступил с резкой критикой «музыкального» антисемитизма Вагнера в эссе «Жидовство в Европе(По Рихарду Вагнеру)». Со времен Вагнера и Стасова полемика вокруг «еврейства в музыке» не утихает, и фигура Мендельсона остается одной из центральных в этой полемике.

Джакомо Мейербер (1791–1864)

Феликс Мендельсон по совокупности талантов, вероятно, действительно является наиболее яркой личностью еврейской музыкальной культуры, столь богатой звездами первой величины. Многие выдающиеся деятели мировой культуры ставили его вровень с самыми великими: Гектор Берлиоз писал, что пианистическое искусство Феликса Мендельсона столь же велико, сколь его композиторский гений, Роберт Шуман называл его «Моцартом девятнадцатого столетия», а великий Иоганн Вольфганг Гёте, лично слушавший игру юных Моцарта и Мендельсона, отдавал предпочтение таланту Мендельсона. Известный филолог и публицист Азарий Мессерер недавно писал[35]:

Жак Галеви (1799–1862)

«Феликс Мендельсон являлся поистине человеком эпохи Возрождения... — поэтом, художником, математиком, лингвистом. Он в совершенстве знал пять европейских языков, свободно читал по латыни и переводил стихи с древнегреческого, да еще писал трактаты по философии и теологии... Да и в му-

Феликс Мендельсон (1809–1847)

зыке он преуспел как мастер на все руки: виртуозно играл на рояле, скрипке, альте, органе, считался лучшим дирижером своего времени, сумевшим возродить... забытые произведения Баха и Шуберта. И прежде всего величайшее из творений Баха — «Страсти по Матфею». По этому случаю двадцатилетний Феликс с иронией отмечал...— Подумать только, что молодой еврей смог возвратить народу величайшую христианскую музыку».

Знаменитый концерт Мендельсона для скрипки с оркестром является одной из величайших вершин, достигнутых человеческим гением в музыке. Если вы слушали его, то не нуждаетесь в комментариях, если нет, то никто не сумеет донести словами то, что вы почувствуете с первыми звуками скрипки, вступающей неожиданно, без оркестровой подготовки — на вас снизойдет, вас захватит дивная, страстная мелодия, влекущая в далекие неземные сферы. Где-то я читал, что в интернациональном братстве музыкальных инструментов скрипка считается еврейкой — таковой она предстает в мелодии Мендельсона. Азарий Мессерер пишет о вводной теме его концерта: «Эта божественная тема преследовала, изводила его долгие шесть лет, вплоть до завершения, наконец, всего произведения, вскоре ставшего скрипичной классикой». Мне лично «эта божественная тема» мендельсоновского концерта всегда, с самого первого раза, представлялась очень еврейской, эта тема, на мой взгляд, есть музыкальная аллегория судьбы и боговдохновенных мечтаний еврейского народа. Такие ассоциации вызывает у меня эта музыка — гениальное произведение искусства дает возможность каждому увидеть и услышать мир своих собственных образов и мечтаний...

Следуя навету подловатого Рихарда Вагнера, нацисты по приказу своего бесноватого фюрера в 1930-е годы сжигали партитуры еврейской музыки Феликса Мендельсона. В начале 1950-х годов их примеру последовали сталинские «музыковеды» в штатском — портрет Мендельсона был удален из зала Московской консерватории и заменен портретом русского композитора Даргомыжского. Если кто и сомневался, следует ли считать музыку Мендельсона частью еврейской культуры, то германские национал-социалисты и советские национал-большевики четко и быстро разъяснили сомневающимся, что к чему. Нацистское имперское юдофобство и советский государственный антисемитизм были напрочь лишены каких бы то ни было религиозных или социальных корней — это были явления размежевания и отторжения по крови.

Эмиль Гилельс (1916–1985)

Сохранились удивительные свидетельства попыток отторжения евреев от советской музыкальной культуры. Одной из первых и весьма выразительных подобных попыток является докладная записка Управления агитации и пропаганды ЦК ВКП(б), датированная августом 1942 года и найденная впервые писателем Аркадием Ваксбергом.[36] Управление бьет тревогу — в искусстве преобладают нерусские люди, преимущественно евреи. Управление сомневается в целесообразности работы в Большом театре дирижеров Самуила Самосуда, Юрия Файера и Льва Штейнберга, танцовщика Михаила Габовича, танцовщика и балетмейстера Асафа Мессерера. Управление крайне озабочено тем, что ведущие кафедры в Московской и Ленинградской консерваториях занимают евреи, например, скрипач Лев Цейтлин, пианист Александр Гольденвейзер, скрипач Абрам

Давид Ойстрах (1908–1974)

Яша Хейфец (1901–1987)

Ямпольский… Управление обращает внимание секретариата ЦК ВКП(б) на «непозволительную засоренность концертного репертуара» именами пианиста Эмиля Гилельса и скрипача Давида Ойстраха. Каждое из названных Управлением имен — гордость и слава советского музыкального искусства, поэтому нельзя не удивиться мракобесному характеру цековского мышления, но по-настоящему во всей этой истории потрясает другое — время написания докладной. Вдумайтесь — идет август 1942 года! Вымирающий Ленинград — в кольце блокады, Прибалтика, Белоруссия, Украина и западная часть России — в руках Гитлера. Только что фашисты захватили Севастополь и Ростов-на-Дону. Немецкие войска отрезали от страны Кавказ, стерли с лица земли Сталинград и вышли к берегам глубинной русской реки Волги — страна оказалась на грани тотального разгрома. Что беспокоит в этот переломный и трагический момент истории страны партийных чиновников из аппарата ЦК ВКП(б)? Их беспокоит то «серьезнейшее обстоятельство», что в советском искусстве слишком много танцоров, дирижеров, скрипачей и пианистов еврейской национальности!

Впрочем, советская власть, формально декларировавшая интернационализм, благосклонно допускала и даже до поры до времени поощряла евреев, приносивших им «на блюдечке с голубой каемочкой» гениальные произведения искусства в советской идейной упаковке.

Эдди Рознер (1910–1976)

Удивителен, например, вклад советских евреев в русскую песенно-танцевальную и эстрадную культуру XX века — десятилетиями вся страна танцевала фокстроты и танго под музыку Ефима Розенфельда, Оскара Строка и Ежи Петербургского, под мелодии перелицованных старых еврейских песен в исполнении Леонида Утесова, приобщалась к современной музыке с помощью блистательного джазового музыканта

Эдди Рознера, которого на Западе называли «белым Луи Армстронгом». Вместе с героем популярного кинофильма советские люди напевали «Крутится, вертится шар голубой…», не подозревая, что это старинная народная еврейская песня «Где эта улочка?», все с энтузиазмом подпевали исполнителям великолепного шлягера «В Кейптаунском порту…», не ведая, что это мелодия песенки «Бай мир бисту шейн» еврейского композитора Шолома Секунды из бруклинского мюзикла на идише. Страна распевала песни Вениамина Баснера, Матвея Блантера, Исаака Дунаевского, Сигизмунда Каца, Александра Колкера, Эдуарда Колмановского, Аркадия Островского, Дмитрия и Даниила Покрасс, Давида Прицкера, Эдди Рознера, Евгения Рохлина, Оскара Фельцмана, Марка Фрадкина, Яна Френкеля, Александра Цфасмана, Владимира Шаинского, Исаака Шварца, и многих других талантливых композиторов-евреев. Песни «С чего начинается Родина» В. Баснера, «Катюша», «Летят перелетные птицы» и «В лесу прифронтовом» М. Блантера, «Атланты» и «У Геркулесовых столбов» А. Городницкого, «Песня о Родине», «Марш энтузиастов», «Песня о Каховке» и «Легко на сердце от песни веселой …» И. Дунаевского, «Хотят ли русские вой-

Исаак Дунаевский (1900–1955)

Владимир Горовиц (1903–1989)

Альфред Шнитке (1934–1998)

ны» Э. Колмановского, «Москва майская» и «Три танкиста» братьев Покрасс, «Течет река Волга» и «Березы» М. Фрадкина, «Русское поле» и «Журавли» Я. Френкеля, «Ваше благородие…» И. Шварца стали классикой русской песни XX века.

Конечно, среди них резко выделялся гениальный Исаак Дунаевский — внук известного в свое время кантора, непревзойденный творец советской песенной классики и более десятка оперетт, в том числе такого шедевра как «Вольный ветер». Дунаевский сочинил могучую и раздольную мелодию неофициального гимна Советского Союза — «Песню о Родине», за что его позже обвиняли в верноподданическом служении тоталитарному режиму. Любопытно, что после нападения Германии на СССР в 1941-м британская радиовещательная станция BBC, не желая исполнять официальный гимн Советского Союза — «Интернационал», заменяла его «Песней о Родине» Исаака Дунаевского. Безусловно, режим умело использовал талант композитора в своей пропаганде, но почему-то никто не заметил одну общую особенность всех кинофильмов, для которых он сочинял музыку, — в них рассказывается о несуществующей, фантастически красивой жизни в некоей сказочной стране, о романтической мечте. И для этой мечты Дунаевский сочинял прекрасную музыку. (Малоизвестный факт: авторы сценария первой советской кинокомедии «Веселые ребята» на музыку Исаака Дунаевского — Николай Эрдман и Владимир Масс — были арестованы сотрудниками НКВД прямо на съемочной площадке.) Вот я сейчас пишу эти строки, а сам «слышу» увертюру к кинофильму «Дети капитана Гранта» — великое, на мой взгляд, достижение симфонической музыки XX века.

Ирвинг Берлин (1888–1989)

Поразительно, что почти одновременно с «Песней о Родине» Исаака Дунаевского в Америке впервые прозвучала песня другого выдающегося еврейского композитора Ирвинга Берлина

«Боже, благослови Америку», ставшая неофициальным гимном Соединенных Штатов.[37] Так два еврейских композитора, не сговариваясь, а напротив, руководствуясь своими полярными мировоззрениями и представлениями о правде и справедливости, а может быть — вдохновленные самим Провидением, создали неофициальные гимны двух великих держав — прекрасные мелодии из разряда бессмертных.

Джордж Гершвин (1898–1937)

Если к Ирвингу Берлину добавить таких выдающихся американских композиторов как Эрнест Блох, Арнольд Шёнберг, Аарон Копланд, Джордж Гершвин, Курт Вайль, Леонард Бернстайн, то не будет сильным преувеличением сказать, что американскую классическую музыку в значительной степени создали евреи.

Аарон Копланд (1900–1990)

В какой мере достижения этих композиторов относятся к еврейской музыкальной культуре — определить однозначно очень трудно. Не менее трудно, чем выделить еврейский компонент в советской песенной классике, созданной композиторами-евреями. Вклад в еврейскую музыкальную культуру далеко не всегда определяется еврейским происхождением музыканта. Думаю, что великие русские композиторы Сергей Прокофьев и Дмитрий Шостакович, не раз обращавшиеся в своем творчестве к еврейским фольклорным и историческим темам, внесли в еврейскую музыкальную культуру больше некоторых композиторов-евреев.[38] В СССР власть предержащие определенно считали 13-ю симфонию Шостаковича «Бабий Яр» слишком еврейской, всячески препятствовали ее исполнению и вымарывали упоми-

Бенни Гудмен (1909–1986)

Леонард Бернстайн (1918–1990)

нания о евреях из текста Евгения Евтушенко.[39] Тринадцатая симфония Шостаковича — событие русского или еврейского музыкального искусства? Думаю — и того, и другого!

Подобные вопросы преследуют исследователей творчества многих выдающихся композиторов XIX и XX веков, достигая особой остроты применительно к таким музыкальным гениям как Густав Малер.

Так получилось, что симфонии Густава Малера я услышал только в конце 60-х и начале 70-х годов прошлого века. В те времена я, в силу ряда обстоятельств, был вовлечен в информационное поле гигантской схватки сверхдержав за первенство в высадке человека на Луну.[40] Драматические события чудовищного провала советского лунного проекта, потрясшая весь мир трансляция американскими астронавтами Библейского текста о сотворении мира с лунной орбиты, успешная высадка первого человека на Луну — все эти события наложились в моем сознании на грандиозную музыку симфоний Малера. С тех пор величайшее технологическое и духовное достижение XX века — покорение космоса — ассоциируется у меня с музыкой Густава Малера. В драматических, сотрясающих твердь земную звуках небесного хаоса из его симфоний мне слышится гигантская схватка за космос, в мощных аккордах огромных оркестра и хора — устрашающий рев раскаленных реактивных двигателей, уносящих космический корабль в безбрежную мглу Вселенной. Много позже узнал я собственные слова композитора о его состоянии во время сочинения симфоний[41]:

«Становишься только инструментом, на котором играет Вселенная… В ней (симфонии) вся природа обретает голос… Представьте себе, что Вселенная начинает звучать… Поют уже не человеческие голоса, а кружащиеся солнца и планеты…».

Вот такие параллельные ощущения встречаются в жизни — оказыватся недаром я слышал в симфониях Малера звуки Космоса…

Петр Вайль говорил об «эпическом мышлении» малеровских симфоний, об их «имперской экспансии», о великой «венской империи», сохранившейся только лишь в звуках этих симфоний. Мне представляется, что эпическое мышление малеровских симфоний простирается много дальше «венской империи», оно уводит слушателей во времена библейского сотворения мира, когда (как мы теперь знаем!) в грохоте Большого взрыва создавалась Вселенная… В музыке малеровских симфоний мне чудятся звуки расширяющейся Вселенной, внезапно переходящие в дивные, божественные мелодии человеческих страданий и мечтаний где-то на далеких окраинах этой Вселенной…

Творческое кредо Густава Малера, как мы уже отмечали, восходит к одной из основ еврейской культуры — жестковыйному нежеланию уподобляться кому бы то ни было и чему бы то ни было. Для меня творчество таких композиторов, как Феликс Мендельсон и Густав Малер, определенно принадлежит еврейской культуре, но знаю, что многие с этим не согласны… Артур Штильман в статье «О еврействе в музыке» следующим образом подводит итог своим полным сомнений размышлениям:

«В одном мы можем быть уверены — композиторы и музыканты еврейского происхождения всего мира внесли огромный вклад в развитие музыкальной культуры многих стран на протяжении веков культурного развития Европы и Америки. Этот вклад сделан и в национальных школах композиции в Европе и в то, что может быть объединено понятием «еврейская музыка» — музыка, основанная на древних и современных народных мелодиях и

песнях, написанная в разных странах, но связанная с существованием Израиля — древнего и современного».

Мне такая трактовка понятия «еврейская музыка» представляется слишком узкой, ибо не отражает реальный, гигантский и всеохватный вклад музыкантов-евреев в мировую музыкальную культуру. А как можно отразить этот вклад? И можно ли сделать это словами? И нужно ли к этому стремиться? И — не суета ли эта сует?

Я вновь слышу звуки скрипичного концерта Феликса Мендельсона, и они мне кажутся пределом прекрасного… Но здесь приходит нежная, томительная, раздумчивая и недосказанная мелодия Адажиетто из Пятой симфонии Густава Малера, и это диво дивное уводит меня в мир непостижимого…

Может быть, это и есть голос Всевышнего, чьи Библейские послания назывались Песнями? Может быть, эта прекрасная музыка и есть Божественный отзвук вечного Завета, заключенного Им с Человеком…

ЧУДО ЧУДЕС ДРЕВНЕГО МИРА

Люди воображают, что местом, которое Библия занимает в мире, она обязана чудесам. Обязана же она им лишь более глубокою мыслью, чем любая иная книга.

Ральф Эмерсон, американский пастор, философ и поэт

Библия — великий источник мудрости и утешения, ее следует часто читать.

Альберт Эйнштейн (подпись в подарочной Библии[42])

В Санкт-Петербургский Эрмитаж я иногда заходил только для того, чтобы взглянуть еше раз на картину Джорджоне «Юдифь». Поднимался по величественной Иорданской лестнице, проходил, не задерживаясь, через анфиладу парадных залов Зимнего дворца в картинную галерею, стоял долго у «Юдифи» и уходил — то было в 1970-е годы после длительной реставрации этого шедевра итальянского искусства эпохи Возрождения. Джорджо Барбарелли да Кастельфранко, более известный как Джорджоне, изобразил иудейскую женщину Юдифь в момент торжества над побежденным врагом ее народа — отрубив голову ассирийскому завоевателю Олоферну, заснувшему после обильных возлияний, она брезгливо придерживает правой рукой меч возмездия и со слегка презрительной полуулыбкой попирает обнаженной левой ножкой его отрубленную голову. Художник подчеркнуто противопоставляет драматичному и кровавому сюжету этой истории умиротворенный и нежный образ прекрасной женщины.

История Юдифи и Олоферна из времен войны между Иудеей и Ассирией в V веке до н. э. была написана неизвестным

Джорджоне. Юдифь

автором на древнееврейском языке предположительно во II–IV веках до н. э. и вошла в виде «Книги Юдифи» в состав ветхозаветных книг Библии. Этот шедевр древней еврейской и мировой дохристианской литературы на протяжении многих веков был и остается источником несметного множества произведений живописи, литературы и музыки. С IX века н. э. и до наших дней образ мужественной и прекрасной Юдифи привлекает художников всех христианских народов. В эпоху Возрождения и позднее картины на сюжет подвига Юдифи писали Ботичелли, Донателло, Микеланджело, Джорджоне, Тициан, Веронезе, Караваджо, Рембрандт, Рубенс, а в новые времена — Август Ридель, Франц Штука и многие другие известные живописцы. С раннего средневековья и до XX века в Европе создаются также многочисленные литературные интерпретации библейской повести о Юдифи на многих языках — поэмы, пьесы, драмы, трагедии, даже простой список которых не поместится здесь. В русской поэзии образ Юдифи использовали в своих стихах Александр Пушкин, Лев Мей, Николай Гумилев, Константин Бальмонт, Анна Ахматова, Осип Мандельштам, Марина Цветаева и другие поэты. Столь же обширно и мощно повлияла библейская «Книга Юдифи» на европейское музыкальное искусство — на ее сюжет сочинено множество ораторий, канонов, опер и балетов... Тема Юдифи звучит в произведениях Скарлатти, Вивальди, Чимарозы, Бетховена и других выдающихся композиторов. Русский композитор Александр Серов сочинил оперу «Юдифь», в которой партию Олоферна пел великий Федор Шаляпин.

Хотел бы пояснить здесь свою позицию во избежание недоразумений — я намеренно избегаю обсуждения исторических и религиозных толкований «Книги Юдифи», равно как и других Библейских книг, ибо здесь речь идет о литературной составляющей еврейской культуры. Богословско-исторические аспекты Библейских книг — это отдельная очень обширная тема, которую мы здесь не затрагиваем. К слову, православная церковь почитает Юдифь в числе праведных ветхозаветных жен как праматерь, в еврейской религиозной традиции история Юдифи отражена в пении в ханукальную субботу, в католической литургии отрывки из «Книги Юдифи» исполняются в ходе вечернего богослужения.

Я так подробно остановился на библейской «Книге Юдифи» отнюдь не потому, что она является лучшим или исключительным призведением древней еврейской литературы, а только лишь вследствие своих ностальгических воспоминаний об Эрмитаже. На самом деле, Библия является не только самой известной и самой читаемой в мире религиозной книгой, но и обширным собранием произведений древней еврейской литературы, не имеющих равных ни по своей историко-художественной ценности, ни по влиянию на мировую культуру в целом.

Со времен изобретения книгопечатания,[43] после перевода Библии на европейские языки, она стала доступной всем грамотным людям, за исключением населения Советского Союза. В СССР чтение или, не дай бог, распространение Библии приравнивалось к антисоветской пропаганде и контрреволюционной деятельности — вот как боялись большевики этой Книги книг. Достоверно знаю — даже на Искусствоведческом факультете знаменитой Академии художеств в Ленинграде библейская литература не входила в программу обучения — можно себе представить, какие «искусствоведы» выходили оттуда. Большинство людей моего поколения узнавали о содержании Библии из старых картин на библейские сюжеты, которые лаконично и сухо излагались в кратких аннотациях под картинами — благо, их сохранилось немало в российских музеях и соборах. Припоминаю курьезный случай. Как-то я остановился у известной картины профессора Флорентийской Академии Чезаре Муссини «Обрезание Иисуса» в Исаакиевском православном соборе в Санкт-Петербурге. Девушка-гид давала пояснения небольшой группе одетых в одинаковые темные костюмы молодых мужчин — они походили на делегацию провинциальных комсомольских функционеров. Внезапно послышался сердитый возглас одного из комсомольцев: «Чего ж его обрезали-та, он яврей что ли?». Девушка невнятно сослалась на то, что, мол, в те далекие времена существовали определенные предрассудки, но от обсуждения национальности Иисуса Христа уклонилась. В 1963-м году, в разгар хрущевской волны антирелигиозного насилия, в Советском Союзе неожиданно была издана небольшая книжка польского писателя Зенона Косидовского «Библейские сказания» — в ней обязательный советский набор атеистических штампов предварялся изложением содержания книг Ветхого завета. Это было похоже на прозу без размышлений и эмоций, на стихи без рифмы, на песни без музыки, но у советских людей не было выбора — впервые многие из них узнали, что же написано в этой запретной книге. В результате книга Косидовского пользовалась невиданным успехом.

В наши дни Библия запрещена в ряде мусульманских стран и в таких «отмороженных» образованиях как Северная Корея;[44] во всех остальных местах планеты люди могут свободно читать ее. Для многих бывших советских людей, в большинстве — атеистов, это чтение оказалось непростым — канонические переводы древнееврейских текстов, написанных более двух с половиной тысяч лет тому назад, не похожи на современные повести и рассказы, драматические сюжеты Библейских Книг сложным образом переплетаются с историческими пророчествами и религиозными наставлениями. Оказалось, что чтение Библейских Книг требует определенных интеллектуальных усилий и сосредоточенности. Это естественно — ведь тексты Библии никогда не редактировались и не адаптировались. Вы пробовали читать неадаптированные поэмы Гомера или оригинальные тексты Шекспира? Попробуйте почитать «Слово о полку Игореве» в подлиннике.[45] (Исходный текст «Слова» был написан сплошной строкой без делений на слова — только через шесть веков эту однострочную рукопись удалось расшифровать и разделить на 2800 осмысленных слов, но и тогда это было очень трудно понять, пока академик Д.С. Лихачев не перевел текст на современный русский язык.) А ведь в гораздо более древнем тексте Библии ни одна буква не изменялась на протяжении тысячелетий — ни в оригинале на древнееврейском языке, ни в греческом и латинском переводах, ни в последующих переводах на все современные европейские языки. Тем, кому удалось преодолеть инерцию необременительного легкого чтения, кому довелось вступить на «тяжкий путь познания», в Библейских Книгах раскрываются завораживающие сюжеты жизни, борьбы, радостных побед и горестных страданий наших далеких предков в те далекие времена, когда формировались нравственные основы этого мира…

Многие выдающиеся философы, писатели и поэты понимали, какие неисчерпаемые залежи человеческих мыслей и чувств таятся в Библейских историях, предугадали их нетленную привлекательность для нынешних и грядущих поколений, и, осознав это, положили ветхозаветные сюжеты в основу своих замечательных произведений. Вот примеры, первыми пришедшие в голову…

Напряженно-драматичная, красочная, наполненная пророческими мыслями и незабываемыми человеческими характерами библейская история жизни Иосифа Прекрасного — сына праотца еврейского народа Иакова и его любимой жены Рахили, послужила основой многочисленных произведений живописи, литературы и музыки, полный список которых, вероятно, занял бы всю оставшуюся часть этого очерка. Великий Гёте, написавший еще в детстве повесть по мотивам истории Иосифа, говорил:

«Как много свежести в этом безыскусственном рассказе; только он кажется чересчур коротким, и появляется искушение изложить его подробнее, дорисовав все детали».

Многие литераторы, подобно Гёте, поддавались очарованию библейского сюжета об Иосифе Прекрасном и «искушению изложить его подробнее», но по настоящему это удалось сделать только воистину великому немецкому писателю То-

Шарль Тевенен. Иосиф прощает братьев, 1879

масу Манну в его грандиозном многотомном романе «Иосиф и его братья»[46] — одном из крупнейших и знаковых произведений мировой литературы XX века. Манн писал роман в годы торжества фашизма в Европе, он противопоставлял библейскую мораль и духовный мир еврейства гитлеровской расистской идеологии «сверхчеловека». Вот как писатель сам объяснял эту направленность романа:

> *«Обращение к материалу из Ветхого завета, конечно, не было случайностью. Мой выбор, несомненно, стоял в скрытой связи с современностью, полемизировал с ней, шел наперекор известным тенденциям, внушавшим мне глубочайшее отвращение и особенно непозволительным для немцев: я имею в виду бредовые идеи расового превосходства, которые являются главной составной частью созданного на потребу черни фашистского мифа. Написать роман о духовном мире иудейства было задачей весьма своевременной,— именно потому, что она казалась несвоевременной».*

Исходя из этой концепции, Томас Манн создал всеохватный роман о всей ранней истории человечества, заглянул в «бездонный колодец прошлого» как никто глубоко, прошел вместе с Авраамом, Исааком, Иаковом, Иосифом и его братьями тяжкий путь становления «духовного мира иудейства», приведшего, в конце концов, к монотеизму и вселенской Библейской морали, которую писатель противопоставил попыткам тоталитарных режимов XX века повернуть историю вспять на основе расовой или классовой идеологий. Вспоминаю, что именно роман «Иосиф и его братья» проложил для меня дорогу к Библии и еврейской культуре в целом. Это — непростой роман, но он дает возможность возвысить себя его прочтением...

Другим библейским сюжетом, послужившим основой для многочисленных «искушений изложить его подробнее», является потрясающая по своему драматизму история жизни, подвигов и героической смерти Самсона. Великолепная позолоченная статуя этого древнееврейского богатыря, разрывающего пасть льву (скульптор М. Козловский), установлена в центре главного фонтана знаменитого дворцово-паркового ансамбля в Петергофе — бывшей императорской резиденции вблизи Санкт-Петербурга. Как-то я спросил у молодых людей, фотографировавшихся у фонтана,— знают ли они, кто этот позолоченный герой. Молодой человек уверенно ответил: «Конечно, знаем — это Самсон», а его девушка добавила: «Да, это Самсон из мифов древней Греции». Позднее я прочитал где-то, что эта «точка зрения» получила «подтверждение» в официальном справочнике «Так строился Петербург» одного вполне солидного автора, который пояснял: «Самсон — древнегреческий мифический герой, которому приписывалась сверхъестественная физическая сила и отвага». Это плохо, это очень плохо, когда дремучее невежество отягощается непомерным апломбом... Впрочем, у кого в наши дни язык повернется сказать, что символом величия Российской империи и ее победы над шведами в Полтавском сражении избран древнееврейский богатырь Самсон, описанный в «Книге Судей» Ветхого завета... Такое возможно было только в те далекие времена, когда российский антисемитизм еще не был расовым, а Книги Ветхого завета воистину почитались священными.

Подвиги Самсона в войне евреев с филистимлянами и его трагическая гибель вследствие предательства любимой женщины Далилы породили целое направление в мировом искус-

Антонис ван Дейк. Самсон и Далила, 1620.

стве с ключевыми темами — «Подвиги Самсона» и «Самсон и Далила». Из десятков известных картин великих художников, среди которых были Мороне, Мантенья, Тинторетто, Лукас Кранах, Рембрандт, Ван Дейк, Ван дер Верф, Рубенс, Доре, мне больше всего нравится динамичная картина Ван Дейка «Самсон и Далила» — в ней могучий Самсон позволяет врагам пленить себя отнюдь не из-за внезапной слабости, а вследствие потрясения, вызванного предательством любимой женщины. Из музыки на эту тему следует, конечно, выделить знаменитую оперу Камиля Сен-Санса «Самсон и Далила» с восхитительной арией Далилы — бесспорным шедевром оперного искусства. На сюжет библейской истории Самсона написано множество стихотворений, поэм, баллад, драматургических произведений, рассказов, повестей и романов. Отметим, для краткости, только два выдающихся литературных произведения: драму английского поэта Джона Мильтона «Самсон-борец», написанную в 1671 году (русский перевод — 1911 год) и роман еврейского писателя Зэева Жаботинского «Самсон Назорей»,[47] написанный на русском языке в 1927 году. На тему библейской истории Самсона и Далилы снято также несколько кинофильмов, но я их не видел.

Библия — огромная книга, и в рамках ограниченного по объему очерка затруднительно даже перечислить все ее фрагменты, которые следует отнести к древней еврейской художественной литературе.

Библейский Ной

Вечно свежие и мудрые легенды об Адаме и Еве, о Каине и Авеле, о потопе и Ноевом ковчеге. Повесть о жизни и странствованиях праотцев еврейского народа — Авраама, Исаака и Иакова с их женами и наложницами, наполненная удивительными приключениями и боговдохновенными поисками истины.

Эсфирь и царь Артаксеркс

Монументальная и, вместе с тем, полная реалистических образов и жизненных коллизий история Моисея. Вот, например, поразительная деталь образа Моисея — великий пророк, говоривший с самим Господом и вещавший слова Господни своему народу, страдал косноязычием, и за него подчас приходилось говорить брату Аарону.

Трагедия царя Саула и драма борьбы за жизнь, вхождения во власть и царствования великого Давида. Трогательная история Руфи — прабабушки царя Давида. Притчи Соломона — «учение о мудрости». Замечательная сказка об Ионе, проглоченного в море китом.

Книга пророка Даниила с историей его возвышения при дворе вавилонского царя Навуходоносора и гениальной, жутковатой и величественной сценой пира у царя Валтасара, когда пророк предсказывает царю гибель с помощью таинственной надписи на стене чертога царского.

Потрясающая своим драматизмом, яркостью характеров и сочностью описаний история Есфири, ставшей женой персидского царя Артаксеркса и спасшей народ свой от погрома, что по сей день празднуется евреями в день Пурима. Не удержусь привести поразившее меня красочное описание обстановки пира у царя Артаксеркса из Книги Есфири:

> *«Белые бумажные и яхонтового цвета шерстяные ткани, прикрепленные виссонными и пурпуровыми снурами, висели на серебряных кольцах и мраморных столбах. Золотые и серебряные ложа были на помосте, устланном камнями зеленого цвета, и мрамором, и перламутром, и камнями черного цвета».*

Трудно поверить, что это написано два с половиной тысячелетия тому назад; это напоминает, скорее, нечто из романа Френсиса Скотта Фитцджеральда XX века.

Ветхий завет включает книги, которые можно в равной степени отнести к выдающимся произведениям и литературы, и философии, ибо в них вечные проблемы мироустройства и места человека в системе «добро — зло» представлены через судьбы и страдания людей в яркой, живой, образной форме — таковы «Книга Иова» и «Книга Экклезиаста». В «Книге Иова» художественный образ ввергнутого в немыслимую пучину страданий праведника Иова обладает загадочностью, присущей самому высокому искусству,— отсюда огромное влияние этой киги на последующее развитие мировой литературы и искусства. Вместе с тем, непостижимая сила веры Иова, его упорное противостояние закоренелому и, казалось бы, необратимому злу вызывают стремление самостоятельно разобраться в философских основах

Иов многострадальный

сущего, определить свое отношение к тому, что называют философией иррационализма… «Книга Экклезиаста» на протяжении столетий не имела себе равных по влиянию на умы читателей, и крупнейшие мыслители обращались к ней как к одному из наиболее глубоких философских источников. Эту книгу, несмотря на ее небольшой объем, нельзя читать в один присест, к ней следует обращаться многократно, причем каждый раз — как будто идешь за очередным советом к мудрецу по очень важному и вполне конкретному вопросу. Известный ученый и поэт Юрий Солодкин как-то заметил:[48] «В библейской «Книге Экклезиаста», в которой всего-то 12 страничек, содержится столько житейской мудрости, что возникает ощущение, а надо ли ещё что-то писать?». Заметим, что это ощущение всеохватной мудрости, после которой просто нечего сказать, свойственно многим библейским книгам.

Вероятно, самым знаменитым из произведений древней еврейской литературы ветхозаветного периода является «Песнь песней».[49] Сочетание единственного и множественного числа того же существительного характерно для древнееврейского языка и означает обычно превосходную степень понятия — в качестве примеров можно привести известные выражения: «святая святых», «суета сует». Поэтому «Песнь песней» — это вершина поэзии, выше которой по представлениям тех времен быть не могло. Трудно найти в мировой литературе крупного поэта, который бы не обращался в своем торчестве к этому раннему шедевру любовной лирики. В русской

Суламифь

поэзии отголоски «Песни песней» можно найти в творчестве Державина, Пушкина, Фета, Мея, Бальмонта, Ахматовой, Цветаевой, Мандельштама, Пастернака, Волошина… Куприн написал на сюжет «Песни песней» повесть «Суламифь», а Шолом-Алейхем — повесть «Песнь песней» на идише. Авторство «Песни песней» приписывают царю Соломону, жившему в X веке до н. э.— в каноническом тексте Ветхого завета эта книга так и называется: «Книга Песни Песней Соломона». Соломон является и главным героем поэмы, влюбленным в прелестную крестьянку Суламит, которая, однако, предпочитает царю молодого пастуха. Критическая школа признает, что автором книги был весьма образованный человек с изысканным вкусом и высоким литературным талантом, к тому же хорошо знакомый с древней Иудеей, но относит создание книги к более позднему времени — не ранее начала IX века до н. э.

Не только «Песнь песней», но и другие удивительные любовные истории являются одним из главных стержней ветхозаветной еврейской литературы: Адам и Ева, Авраам и Агарь, Исаак и Ревекка, Иаков и Рахиль, Иосиф и жена Потифара, Самсон и Далила, Давид и Вирсавия, Соломон и царица Савская, Юдифь и Олоферн, Есфирь и Артаксеркс…

Как-то довелось мне попасть в компанию ленинградских литературоведов, которые обсуждали лирическую поэзию средневековья, и я спросил, где истоки любовной поэзии, кто и когда впервые дал поэтическое описание любовного томления, любовной страсти… После непродолжительного обсуждения мне ответили, что, пожалуй, ветхозаветной «Песни песней» следует отдать пальму первенства в мировой любовной лирике — и по времени создания, и по влиянию на последующее развитие этого жанра…

Первенство и по времени, и по влиянию… Это можно сказать о всей ветхозаветной еврейской литературе — чуде чудес древнего мира.

СУДЬБОНОСНЫЙ РАСКОЛ

> Не думайте, что Я пришел нарушать закон или пророков; Не нарушать пришел Я, но исполнять...
>
> *Евангелие от Матфея*

Ветхозаветный период еврейской художественной литературы продолжался все первое тысячелетие до н. э. Он плавно перешел на рубеже новой эры в Новозаветный период, который продолжался более двухсот лет — годы, когда создавался Новый завет Библии, канонический текст которого включает четыре Евангелия, книги «Деяния святых апостолов» и «Откровения Иоанна Богослова» и ряд Посланий. Книги Нового завета датируются I–II веками н. э., они первоначально составлялись, по мнению современных исследователей, частично на древнееврейском и арамейском, частично на греческом языках, но в полном виде дошли до нас только на греческом языке. Святые Евангелисты — Матфей, Марк, Лука и Иоанн, именами которых названы четыре канонических Евангелия, скорее всего, не являются их авторами. Подлинные авторы Евангелий и других новозаветных произведений до сих пор точно не определены ни в светских, ни в богословских источниках, но очевидно, что они принадлежали к евреям-первохристианам из близкого окружения Иисуса и его учеников-апостолов.

Хорошо известно, что основы новозаветной литературы укоренены в ветхозаветных источниках, но у нее есть и более близкие родственники-предтечи — это книги иудейской секты ессеев. О ессеях упоминали еврейские историки Филон Александрийский и Иосиф Флавий, а также римский историк Плиний, но подробности их религиозно-мистического творчества стали известны сравнительно недавно — во вто-

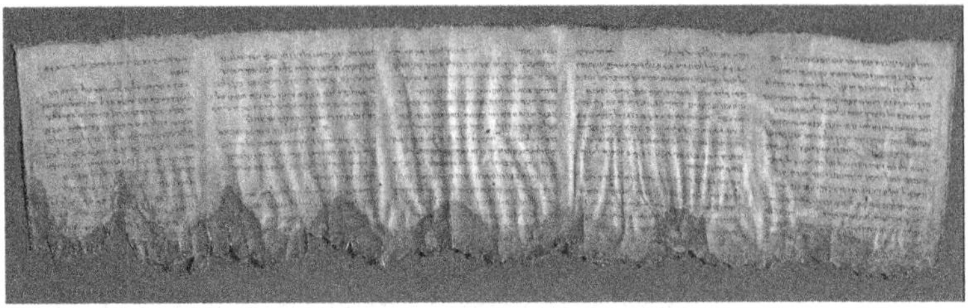

Кумранские свитки (Рукописи Мертвого моря)

рой половине XX века после открытия хранилища так называемых Кумранских свитков или рукописей Мертвого моря в Иудейской пустыне вблизи Мертвого моря в Израиле.[50] В этом крупнейшем собрании рукописей древнего мира, которые датируются I–II веками до н.э., обнаружены не только старейшие по времени фрагменты рукописей Ветхого Завета, но и оригинальные религиозные и светские произведения Кумранской общины ессеев. Записав эти произведения на пергаментных свитках, члены общины поместили их в глиняные кувшины и спрятали в труднодоступных пещерах — так они сохранили бесценные рукописи для потомков. Прочитав документы ессейского вероучения — «Устав общины», «Война между Сынами Света и Сынами Тьмы» и др., исследователи были поражены сходством этого вероучения с более поздними догматами раннего христианства. Свою общину ессеи называли «Новым заветом», вступление в общину сопровождалось погружением в воду, а процедура богослужения была почти идентична службе, описанной в христианском Евангелии. Однако больше всего исследователей поразило сходство образа ессейского Мессии — «Учителя справедливости», погибшего мученической смертью, с евангельским образом Иисуса Христа. Новейшие исследования рукописей Мертвого моря привели историка Макса Даймонта к заключению, что «христианство существовало (в виде иудейско-ессейского «Нового завета» — *Ю. О.*) по меньшей мере за два века до Христа — его величайшего и благороднейшего пропагандиста, но никак не его зачинателя».

Находка рукописей Мертвого моря считается крупнейшим археологическим открытием XX века, тысячи исследований посвящены этому открытию, но вот что любопытно — их ре-

Эль Греко. Иоанн Креститель (ок. 1600)

зультаты редко выходят за рамки узкого круга специалистов и малоизвестны широкой публике как среди христиан, так и среди иудеев. Причина этого, на наш взгляд, кроется в историко-идеологических выводах исследователей Кумранской общины древних евреев. Христианские теологи опасаются, что обнаружение вероучения дохристовой общины ессеев может подорвать первозданную чистоту Святых Евангелий. Что же касается иудеев, то они традиционно сдержанно, а скорее — с опаской, относятся к участию своих древних соплеменников в создании христианства — ведь, согласно Фридриху Ницше, именно это активное участие явилось истоком антисемитизма.

Как бы то ни было, но в рамках наших размышлений о еврейской культуре нельзя не отметить, что Новозаветный период еврейской литературы определенно начался в Кумранской общине на берегу Мертвого моря по крайней мере за два века до книг Святых Евангелистов, во времена, когда ессеями были написаны их пергаментные свитки, ставшие предтечей книг Нового Завета.

Литературная составляющая книг Нового завета по всеобщему мнению значительно уступает по масштабу и художественным достоинствам книгам Ветхого завета, хотя в Евангелиях встречаются образы большой выразительности и силы — Иисус, Мария, Иосиф, Иоанн Креститель, Петр, Иуда, Павел, Мария Магдалина и др. Многие новозаветные сюжеты и тексты воистину обладают магией волшебного слова и вызывают нечто вроде религиозного экстаза. Таковой является, на мой взгляд, Нагорная проповедь Иисуса, приведенная в Евангелии от Матфея. Непостижимо, но мне случайно довелось читать вслух отрывок из этого произведения, причем не где-нибудь, а именно в том месте, где по преданию читал ее Иисус Христос. Это было в конце 1990 года в Израиле…

Дорога вилась между библейскими холмами Галилеи — мы спускались из Цфата, святого города каббалистов и мистиков, к Тивериадскому озеру. Наш гид Марина Фельдман объясняла, что у озера есть еще три названия: Кинерет, Генисаретское и, наконец, Море Галилейское. Вокруг Кинерета — сплошная мозаика исторических и святых мест позднего иудаизма и раннего христианства. Покинув свой родной галилейский город Назарет со словами: «Нет пророков в своем отечестве», пришел на берега Генисаретского озера никому еще не известный еврейский проповедник Иешуа — будущий Иисус Христос. Здесь, в синагоге древнего Капернаума Иисус впервые успешно проповедовал. «Проходя же близ моря Галилейского, Он увидел двух братьев, Симона, называемого Петром, и Андрея, брата его, закидывающих сети, ибо они были рыболовы. И говорит им: идите за Мною, и Я сделаю вас ловцами человеков. И они тотчас, оставивши сети, последовали за Ним». Здесь же, на берегу Моря Галилейского, Иисус нашел среди местных еврейских рыбаков и других своих лучших учеников — первых христиан и будущих Апостолов христианской церкви. Из двенадцати Евангельских Апостолов одиннадцать были галилеянами, и десять из них, вслед за Иисусом, были казнены римлянами или их вассалами за непонятную, а потому опасную, упорную и жертвенную веру. Иисус уговорил этих простых парней стать ловцами душ человеческих и увел их с собой в Иерусалим. Увел для свершения дотоле беспримерного подвига, на страдание и торжество, увел на мучительную и позорную смерть через распятие на жутком римском кресте — к вечной славе и бессмертию. Слабеньким ручейком потекло взращенное иудеями христианство из Моря Галилейского вверх к подножию Иерусалимского Храма. Укрепившись духом в неимоверных страданиях, потоками обездоленных, изгнанных, благих и нищих незаметно и непышно разлилось оно из Иерусалима по всему Средиземноморью, а затем, накопив мощь морскую, гигантским вселенским потопом затопило весь мир.

Мы едем среди кипарисов, оливковых рощ и огромных финиковых пальм, вдыхая этот святой воздух… Слева, на высоком холме, прямо над Морем Галилейским возникает утопающий в субтропическом саду храм — классический купол с крестом покоится на белом основании, окруженном легкой белой аркадой. «Слева, на Горе Блаженств,— поясняет Марина,— вы видите церковь. Она поставлена на том месте, где Иисус Христос произнес своим ученикам Нагорную Проповедь». Боже, едва не задыхаюсь я, та самая Нагорная Проповедь, квинтэссенция христианства, непротивление злу — тема, волнующая меня всю жизнь. «Мы остановимся здесь?» — поспешно спрашиваю я и слышу в ответ: «Нет, здесь остановка не запланирована». Никогда не смогу простить себе, что не остановился здесь — думаю я и хрипло заявляю: «В таком случае, высадите меня здесь одного». Все оборачиваются ко мне, и Марина, улыбаясь, говорит шоферу: «Хорошо, остановимся здесь на двадцать минут».

В дальнем приделе церкви шло песнопение — католики из Южной Африки, белые и черные, вместе пели религиозные песни в стиле спиричуэлс. Поняв, по-видимому, мою взволнованность, монахини в черно-белых одеждах пытаются объяснить по-испански, что же именно проповедовал здесь Иисус, а я, в свою очередь, пытаюсь объяснить им по-английски, что могу понять слова Иисуса только в переводе на русский. Удивительно, но они вполне понимают меня, быстро куда-то исчезают, а затем появляются вновь с Библией на русском языке, открытой точно там, где надо — Евангелие от Матфея, Глава пятая. И я, обратясь лицом к Морю Галилейскому, читаю негромко, но так, что окружившие меня монахини слышат, как звучат по-русски хорошо им знакомые слова, произнесенные первоначально на арамейском диалекте еврейского языка, переведенные потом на греческий и латинский, а затем уже на все другие языки мира:

«...Блаженны нищие духом, ибо их есть Царство
Небесное.
Блаженны плачущие, ибо они утешатся.
Блаженны кроткие, ибо они наследуют землю.
Блаженны алчущие и жаждущие правды, ибо они
насытятся.
Блаженны милостивые, ибо они помилованы будут.
Блаженны чистые сердцем, ибо они Бога узрят.

Блаженны миротворцы, ибо они будут наречены сынами Божиими.
Блаженны изгнанные за правду, ибо их есть Царство Небесное.
Блаженны вы, когда будут поносить вас и гнать…
Вы — соль земли … Вы — свет мира…
Так да светит свет ваш перед людьми, чтобы они видели ваши добрые дела.
Не думайте, что Я пришел нарушать закон или пророков;
Не нарушать пришел Я, но исполнять…
Вы слышали, что сказано: «око за око, и зуб за зуб».
А Я говорю вам: не противься злому.
Но кто ударит тебя в правую щеку твою, обрати к нему и другую;
И кто захочет судиться с тобою и взять у тебя рубашку, отдай ему и верхнюю одежду… Просящему у тебя дай и от хотящего занять у тебя не отвращайся.
Вы слышали, что сказано: «люби ближнего твоего и ненавидь врага твоего».
А Я говорю вам: любите врагов ваших, благословляйте проклинающих вас, благотворите ненавидящим вас и молитесь за обижающих вас и гонящих вас.
Да будете сынами Отца вашего Небесного; ибо Он повелевает солнцу Своему восходить над злыми и добрыми и посылает дождь на праведных и неправедных…».

Прямо внизу, отражая солнечное небо, уходит вдаль теплая, синяя гладь Арфы-Кинерета, справа и наверх до Назарета — цветущая вечнозеленая долина Гиносар, слева и вдали амфитеатром — мягкие желто-палевые отроги Голан. Покорившая мир религия родилась здесь, среди этого умиротворяющего пейзажа, на этой земле со следами бесконечной череды мыслителей и пророков, в этом уголке мира, где все пронизано Библейским светом. Возможно ли было сказать какие-либо другие слова на этом месте в состоянии благостного экстаза перед алчущими любви и добра учениками, простыми рыбаками и крестьянами.

С такими мыслями уходил я со знаменитой Горы Блаженств, что на берегу Моря Галилейского — наш путь лежал на Юг, вдоль долины Иордана, к Иерусалиму.

Нагорная проповедь послужила исходным пунктом двухтысячелетнего невидимого и неслышимого противостояния двух концепций борьбы со злом — древнего иудейского «око за око и зуб за зуб» и нового христианского «если кто ударит тебя в правую щеку твою, подставь ему и левую».[51] В целом, новозаветные идеи и образы оказали огромное влияние на развитие всей мировой культуры. На протяжении многих столетий, особенно со времен Возрождения, они доминировали во всех видах искусства — здесь нет необходимости перечислять хорошо известные всем примеры соответствующих достижений в живописи, скульптуре, архитектуре, поэзии, художественной прозе и музыке, равно как в философии и богословии...

В начале первого тысячелетия Новой Эры в еврействе случился великий, судьбоносный раскол, вызвавший грандиозные сдвиги в истории и культуре человечества. Поскольку этот раскол привел к появлению двух выдающихся литературно-философских произведений предраннего средневековья — христианского Нового завета и иудейского Талмуда, следует остановиться хотя бы очень кратко на этом событии.

После мученической смерти Иисуса Христа группа евреев, близких к нему и его прямым ученикам, отколовшись от основного ствола иудаизма, основала небольшие общины христиан в Иерусалиме и некоторых средиземноморских городах. В течение двух последующих веков христиане-прозелиты из бывших иудеев написали Новый завет и с помощью многочисленных миссионеров, среди которых первоначально главную роль играли апостол Павел, а также Петр, Иоанн, Андрей и другие ученики Иисуса, начали распространять Христову веру среди языческих народов Средиземноморья. Поначалу прозелиты христианства подвергались кровавым преследованиям со стороны властей Римской империи — из четырех Святых Евангелистов только Иоанн избежал муче-

Эль Греко. Апостолы Петр и Андрей

Дж. Марко. Апостол Павел.

нической смерти, а Матфей, Марк и Лука былы распяты на страшных римских крестах. Были зверски казнены апостолы Павел, Петр и еще девять апостолов, сопровождавших Иисуса в Иерусалим. Тем не менее, первохристианам сопутствовал успех, и в IV веке н. э. Римская империя была вынуждена принять христианство в качестве своей официальной религии — началось победное завоевание языческого мира монотеизмом на основе старо-новой Библейской этики.

Другая часть евреев, напротив, предпочла остаться в лоне иудаизма несмотря на все чудовищные преследования, массовые убийства и насильственное изгнание с Родины после Иудейской войны и разрушения римлянами Иеруслимского Храма. Иудейская религиозная и интеллектуальная элита опасалась, что в изгнании, без Храма, евреи забудут Моисеев закон, который передавался из поколения в поколение в виде Устной Торы — свода устных (т. е. не оформленных в виде письменного канонического текста) толкований и разъяснений Письменной Торы — Пятикнижия Моисеева. Выдающуюся роль в сохранении наследия Торы сыграл ученик великого мудреца и главы Синедриона Гиллеля Иоханан бен Заккай, создавший в Явне центр иудейской учености после разрушения римлянами Иерусалима в 70-м году. Академия в Явне стала новым ядром религиозного сплочения евреев и духовного выживания народа, лишенного Храма и собственной страны. Другим яростным защитником иудаизма был Рабби Акива, который, по преданию, предпринял первую попытку собирания и письменного оформления Устной Торы. Акива был захвачен римлянами во время подавления восстания Бар-Кохбы в 135-м году и подвергся мучительной казни — на сцене амфитеатра в Кесарии, под улюлюканье кровожадной толпы язычников, с него крюками сдирали кожу.

Во II веке н. э., примерно в то же время, когда окончательно оформлялись Книги Нового завета, Устный Закон по решению иудейских законоучителей был собран в письменные сборники, которые в конце II века были отредактированы раввином Иегудой ха-Наси и названы Мишной. Почти весь текст Мишны написан на прекрасном, чистом иврите[52] (с небольшими вкраплениями на арамейском), он был со временем канонизирован и, наряду с Торой, служил источником религиозного образования для всех последующих поколений евреев вплоть до нашего времени. Позднее, в промежутке от III до VI века, в Палестине и Персии были написаны обширные, многотомные дополнения и комментарии к Мишне, известные под названиями «Иерусалимский Талмуд» и «Вавилонский Талмуд», содержавшие огромный свод материалов религиозного и литературно-исторического характера, включая морализирующие притчи, научные представления тех времен, всевозможные ритуальные, этические, бытовые и медицинские наставления и прочее... Впоследствии Мишну и Вавилонский Талмуд стали объединять единым названием — Талмуд. Оценка литературно-философской и историко-фольклорной значимости этих произведений следует из сопоставления с общим уровнем письменных источников того времени — периода деградации и развала Римской империи...

В конце V века в персидском городе Сура, что в долине Тигра и Ефрата, в 500 километрах от их впадения в Персидский залив, на месте древнего Вавилона, чуть севернее древнего Ура, из которого Праотец семитских народов Авраам за две с лишним тысячи лет до этого ушел в древний Ханаан на краю пустыни близ Мертвого моря, чтобы спасти открытого им единого Бога, в городе Сура была поставлена последняя точка в гигантской многотомой книге, писанной от руки на древнееврейском и арамейском языках тремя поколениями вавилонских мудрецов-амораев на протяжении 75 лет под редакцией ректоров Сурской академии рав-Аши и Равина, не знавших, какая великая и тяжкая судьба ждет то, что они создали, ибо эту книгу будут топтать сапогами, рвать и сжигать на кострах полторы тысячи лет, и не будет такой клеветы и такого поношения, которым в бессильной злобе не подвергнут эту книгу те, которые не удосужились ее прочитать, но мудрая покровительница истории Клио со шкатулкой для свитков в руках, по прошествии веков все расставляющая по своим местам, в конце концов убедилась, что из того далекого времени ей и поставить-то нечего рядом с этой книгой, а убедившись, признала, что именно этот источник знаний о древности под названием Вавилонский Талмуд и есть величайшее литературное и философское произведение предраннего средневековья.

С Новым заветом и Талмудом, созданными в первые века новой эры, христиане и иудеи вошли в эпоху Раннего средневековья — во вторую половину первого тысячелетия новой эры. В те полтысячелетия, именуемые Темной эпохой человеческой истории, европейская культура словно перестала развиваться, словно вообще исчезла. Знаменитая Александрийская библиотека — хранилище знаний древнего мира была окончательно разграблена и уничтожена. Динамичная мусульманская экспансия подавляла еще незрелые европейские государства, попытка Карла Великого объединить Европу провалилась после его смерти, и она, несчастная, впала в состояние озверелой дикости.

Евреи замкнулись в обособленных еврейских кварталах европейских городов, превращенных впоследствии в закрытые гетто. Окруженные стеной ненависти, в опасении очередного христианского насилия, они усердно читали Тору и Талмуд, надеясь на скорый приход Мессии. Тем не менее именно евреи первыми в Европе начали выходить из мрака Темной эпохи к свету Возрождения — это случилось в конце X столетия, когда пришел Золотой век еврейской поэзии и философии на Иберийском полуострове в средневековой Испании.

ЗОЛОТОЙ ВЕК

> Из Кастилии воссиял свет для озарения всего мира.
>
> *Моисей ибн Эзра, средневековый поэт*

Вот самый краткий перечень выдающихся личностей Золотого века еврейской поэзии и философии с примерными датами их жизни:

Саа́дия бен Иосеф (882–942) — богослов, философ, поэт;
Хасдай Шапрут (915–980) — ученый, врач, советник Кордовского халифа;
Самуил Нагид (993–1055) — поэт, ученый, визирь Гренадского халифа;
Соломон Гебироль (1021–1058) — поэт, философ;
Бахье Пкуда (1050–1120) — философ, поэт;
Моисей Эзра (1055–1135) — поэт, философ;
Иегуда Галеви (1085–1142) — поэт, философ, врач;
Авраам Эзра (1089–1164) — философ, ученый, поэт;
Вениамин Тудельский (…? — 1175) — историк, путешественник;
Моисей Маймонид или Рамба́м (1135–1204) — ученый, философ, богослов, врач;
Иегуда Алхаризи (1165–1225) — поэт;
Моше бен Нахман или Рамба́н (1194–1270) — философ, каббалист, поэт;

Саа́дия бен Иосеф или Саа́дия Гаон — единственный из перечисленных великих представителей Золотого века, не связанный с Испанией. Он родился в Египте, жил и работал в Вавилонии и скончался в Багдаде. В 928 году Саадия бен Иосеф был назначен главой знаменитой Сурской академии, где за несколько столетий до того был написан Вавилонский Талмуд — при нем академия достигла нового и последнего своего расцвета. Саадия был универсальным ученым, подобным гигантам эпохи Возрождения, случившейся через несколько столетий после него. Он считается основателем раввинистической литературы, его многочисленные произведения хранятся в Каирской генизе[53]. Главный философский труд Саадии Гаона «Книга верований и мнений» — это первое произведение средневековой еврейской философии, сохранившееся полностью. Он также прославился своими лингвистическими трудами, посвященными языку иврит, и первым переводом Библии с иврита на арабский язык. В дополнение ко всему, Саадия бен Иосеф писал новаторские философские и литургические поэмы. Творчество Саадии Гаона — одна из важнейших вех развития культуры еврейского народа. По существу он стал предвестником Золотого «испанского» века еврейской философии и поэзии, образцом для таких великих поэтов как Соломон Гебироль и Иегуда Галеви.

Точной датировки Золотого века не существует. Иногда предпринимаются попытки связать творческие взлеты и падения культуры этого времени с политикой арабских правителей-халифов по отношению к евреям — в той политике периоды веротерпимости и даже поощрения сменялись временами жестоких репрессий. Если судить о времени Золотого века по датам жизни великих его представителей, то можно сказать, что он длился примерно с середины X века по начало XIII века, то есть почти два с половиной столетия.

Светская и религиозная поэзия Золотого века была предтечей и предзнаменованием поэзии итальянского Возрождения, появившейся через два с лишним столетия. Вместе с тем, для нее очень характерны еврейские мотивы неизбывной тоски по Сиону, своему национальному очагу в земле Израиля. Можно сказать, что еврейские поэты Золотого века были провозвестниками мессианского сионизма, который через восемь веков перерос в политический сионизм нового времени. Их поэмы и баллады на тему страданий оторванного от своей Родины народа часто так и назывались — сиониды. Некоторые из сионид стали непременным атрибутом синагогальной службы и исполняются до сих пор в дни праздников и в дни скорби еврейского народа. Поэты Золотого века были, как правило, незаурядными философами и подчас достигали в философии не меньших вершин, чем в поэзии. Они имели блестящее религиозное и светское образование, свободно говорили и писали на древнееврейском, арабском и кастильском языках. Нам остается хотя бы вскользь прикоснуться к именам и деяниям этих наших далеких предков, поднявшихся на вершину мировой культуры тысячу лет тому назад.

Соломон Гебироль (1021–1058)

Великий еврейский поэт и философ Соломон Гебироль, которого именовали еще Авицеброль, жил в Испании в первой половине XI века — примерные годы его жизни (1021–1058). Соломон родился в Малаге, в южной Испании, рано осиротел, некоторое время жил в Гренаде под покровительством мецената Самуила Нагида — визиря при дворе Гренадского халифа, но не прижился там из-за своего дерзкого нрава, затем скитался по стране и умер в Валенсии. Легенда рассказывает, что он был убит мусульманином из зависти к его поэтическому таланту — древний сюжет пушкинского «Моцарта и Сальери».

По современным представлениям Соломон Гебироль был одним из основателей философской системы неоплатонизма в Европе. Его главный философский трактат «Источник жизни» в латинском переводе цитировался Фомой Аквинским и другими средневековыми христианскими философами. С другой стороны, светская поэзия Гебироля по мнению критиков «элегична и возвышена, а стиль ее — задушевно-образный». Как истинный провозвестник эпохи Возрождения, Соломон Гебироль подчас объединял поэзию с философией, таково его главное литературное произведение — философско-религиозная поэма «Царский венец». В своих трагически напряженных балладах-сионидах поэт с болью описывает судьбу «бедной пленницы» — своего истерзанного народа — под властью христианского Исава и мусульманского Исмаила:

«Бедная пленница в земле чужой стала рабыней. С того дня, как ты, Боже, ее покинул, она ждет тебя. Всему есть конец, но нет конца моему несчастью. Истерзанные, придавленные, несущие иго, ограбленные, ощипанные, втоптанные в землю,— доколе, Боже, будем мы сетовать на обиды, на неволю? Исмаил подобен льву, а Исав — коршуну: едва один нас оставляет, другой за нас принимается».

Соломон Гебироль прожил всего 37 лет, но за свою короткую жизнь совершил настоящий переворот в средневековой поэзии. Не могу удержаться, чтобы не привести хотя бы несколько замечательных строк его поэзии в переводе на русский язык. Вот перевод Дмитрия Щедровицкого из поэмы «Царский венец»:

Ты — предвечен. И чувства, взирая на чудо,
Отменяют свои — «как», «зачем» и «откуда».
Ты — предвечен, и знаешь лишь сам Свою Суть:
Разве Вечность вмещает еще кто-нибудь?
Ты — предвечен: вне времени Ты обитаешь,
Вне пространства в местах непостижных витаешь.
Ты — предвечен. Сие недоступно уму:
Бездну таинств удастся ль измерить кому?

Поэмы и философские произведения Соломона Гебироля многократно издавались с начала XIX века на немецком, английском и других европейских языках.[54] На русском языке сведения о нем очень скудные. Кроме большой статьи[55] в «Еврейской энциклопедии» Брокгауза и Ефрона о Гебироле на русском языке почти ничего не публиковалось на протяжении большей части XX века — я не нашел даже упоминаний о нем в советских и российских энциклопедиях, за исключением малоизвестной «Литературной энциклопедии», которая издавалась в конце 1920-х годов и не была завершена. (Поразительный и весьма символичный факт: Геббельс в советских энциклопедиях упомянут, а Гебироль — нет!) В послесоветский период появились отдельные работы о Соломоне Гебироле и переводы его поэзии на русский язык[56].

Подводя итог творчеству Соломона Гебироля, автор статьи о поэте в «Еврейской энциклопедии» Брокгауза и Ефрона, пишет:

«В философских произведениях Гебироль ни минуты не переставал быть боговдохновенным поэтом в такой же мере, в какой он в своей поэзии всегда являлся глубоким, проникновенным философом. Он наглядно, на себе, показал теснейшую связь науки с искусством, истины с красотою».

Не забудем — это сказано о философе и поэте, жившем за 250 лет до Данте Алигьери и за 300 лет до Франческо Петрарки.

Достижения Соломона Гебироля в философии и поэзии мощно подхватил и развил крупнейший представитель Золотого века средневековой еврейской поэзии Иегуда Галеви, живший предположительно в период с 1085-го по 1142-й годы.[57] Галеви провел юность в Кастилии, в христианском городе Толедо, а зрелые годы — в цветущей Андалузии, в центре тогдашнего культурного мира мавританской Кордове, где арабы звали его уважительно Альбухасан аль-Лави. Галеви не имел себе равных по образованности. Он учился богословию у знаменитого раввина Исаака Альфаси — еще одной звезды Золотого века, изучал светские науки, медицину, свободно владел еврейским, кастильским и арабским языками, работал врачом, писал философские трактаты и сочинял лирические стихи — воистину человек эпохи Возрождения. Главной страстью Галеви была поэзия, в которой он достиг небывалых вершин уже в юном возрасте. Пользовавшийся в то время большой известностью ев-

Иегуда Галеви (1085–1142)

рейский поэт Моисей ибн-Эзра восторженно отзывался о стихах юного Иегуды: «Из Кастилии воссиял свет для озарения всего мира».

В 1140 году 55-летний Иегуда Галеви закончил главный труд своей жизни, философский трактат «Кузари» — не имеющий себе равных в средневековой литературе по воистину энциклопедическому охвату проблем философии, этики и права. К этому времени он был уже широко известным лирическим поэтом, восторженно писавшим о радостях бытия, любви и женской красоте. Казалось, что жизнь уже не принесет Иегуде никаких неожиданностей, а его талант мягко вплетется в общий венок Золотого века еврейской средневековой поэзии, предвосхитившей любовную и религиозную лирику поэтов итальянского Возрождения. Однако Иегуда рассудил иначе и влекомый нарастающей тоской по Святой Земле, из которой вышли его предки, покинул своих протестующих родственников и друзей и отправился в далекий Иерусалим. В пути, посреди бушующего Средиземного моря и под пылающим небом Египта, захваченный мечтой и вдохновением, Галеви стал великим поэтом, ибо создал бессмертную серию элегий о трагической судьбе повсюду гонимого народа, насильно отторгнутого от Родины, приравненную к лучшим строкам Библии и псалмов Давида. В элегиях поэт изливает свою тоску по земле Израиля:

Я на Западе крайнем живу,— а сердце мое на Востоке.
Тут мне лучшие яства горьки — там
святой моей веры истоки.
Как исполню я здесь все заветы, обеты, зароки?
Я у мавров в плену, а Сион — под пятою Эдома жестокой!
Я всю роскошь Испании брошу, если жребий
желанный, высокий
Мои очи сподобит узреть прах священных
руин на Востоке!

Страстный порыв поэта достигает апогея в сиониде-элегии «Сион! Ты бы спросил о благополучии твоих изгнанников!»

Следы Иегуды Галеви теряются в 1142 году где-то между Каиром и Дамаском. Народная легенда гласит, что он действительно достиг Сиона, увидел свою мечту в ничтожестве и разорении и припал со слезами к ее камням, где то ли крестоносцы, то ли сарацины оборвали чудную песню и растоптали поэта копытами своих коней так же безжалостно и тупо, как они растоптали Иерусалим.

Поэзия Иегуды Галеви живет уже тысячу лет — его сиониды стали национальной духовной лирикой для всех последующих поколений евреев, превратились в торжественные молитвы наряду с псалмами Давида, а его знаменитая элегия «Сионида» читается во всех синагогах в день разрушения Иерусалимского Храма 9-го Ава. Генрих Гейне почитал Иегуду Галеви как величайшего поэта раннего средневековья и использовал его образ в своих «Еврейских мелодиях». Произведения Галеви многократно издавались в переводах на немецкий, английский, испанский и другие европейские языки.[58] В Советском Союзе Галеви считался религиозным еврейским националистом и упоминался, как правило, в негативном контексте. В наше время издано несколько сборников поэзии Иегуды Галеви в переводе на русский язык.[59] Снова не удержусь и приведу хотя бы несколько строк его поэзии в переводе Дмитрия Щедровицкого:

О взгляни, Возлюбленный, с участьем:
Я к Тебе взываю и молю!
За грехи наказанный изгнаньем,
Я скитаюсь, бедствия терплю.
За Тобой бегу, Непостижимый,
И воскрылья риз Твоих ловлю,
И твержу Твоё святое Имя,
И в разлуке гибельной скорблю.
Чем Ты больше мне приносишь боли —
Тем сильней, тем пламенней люблю!

Золотой век еврейской поэзии и философии не прекратился и после смерти Иегуды Галеви, но такого уровня уже не достигал. Если не ограничиваться рамками жизни выдающихся поэтов и философов уровня Гебироля и Галеви, то можно сказать, что Золотой век простирался вплоть до 1492 года, когда испанские монархи, одержав окончательную победу над мусульманами, изгнали евреев из Испании. Любопытно, что конец тысячелетней истории испанских евреев совпал с двумя другими значительными событиями мировой истории: завершением Реконкисты — длительной борьбы за отвоевание Испании у мусульман, и открытием Америки испанским адмиралом Христофором Колумбом. История словно взяла мощный финальный аккорд в своей возвышенной и трагической испанской симфонии. Это был звездный час великой державы, апофеоз ее истории и, вместе с тем, начало постепенного упадка, ибо изгнание евреев не только разрушило древнейшую культуру, но и лишило Испанию значительной части ее творческого потенциала.

Вероятно, символом трагического конца Золотого века может служить жизнь и судьба выдающегося еврейского мыслителя и писателя Ицхака бен-Иегуды Абарбанеля (1437–1508), который родился в Португалии, зрелые годы провел в Испании, испив всю горечь безжалостного изгнания евреев со своей Родины, а завершил жизнь изгнанником в Венеции. В Португалии Абарбанель достиг высокого положения государственного казначея португальского короля, но в 1483 году был вынужден бежать в Испанию, где благодаря своим блестящим способностям уже через год стал министром финансов. Эдикт испанских монархов 1492 года об изгнании евреев застал его на этом высоком посту и, судя по всему, был для него полной неожиданностью. Ицхак Абарбанель отчаянно боролся против реализации приговора евреям, пытался уговорить Фердинанда и Изабеллу отменить роковой и для евреев и для Испании эдикт, но потерпел фиаско. Легенда гласит, что в решающий момент, когда Ицхак почти склонил королевскую чету к отмене эдикта, во дворец ворвался Великий инквизитор Томас Торквемада и, запугав монархов карой Божьей, сорвал переговоры.

Ицхак бен-Иегуда Абарбанель (1437–1508)

Король предложил сделать исключение лично для Ицхака, но он отверг это предложение, разделил судьбу своего народа и уехал в Италию. В 1496 году Абарбанель нашел тихое пристанище в небольшом городке на юге Италии, где завершил редактирование своих произведений. Он скончался в Венеции, куда был приглашен правительством для составления торгового договора между Венецией и Португалией. Ицхак Абарбанель известен как автор книг богословско-философского содержания, включающих комментарии ко всем книгам Ветхого Завета и философским трудам Моисея Маймонида, многие из них были переведены на латинский язык. Если Моисей Маймонид, Иегуда Галеви и Соломон Гебироль были в своей философии предвестниками эпохи Возрождения, то Ицхах Абарбанель стал участником этой эпохи и восприемником ее идей. В этом смысле кончина мыслителя в Венеции была глубоко символичной — в одном из центров итальянского Ренессанса заканчивался Золотой век еврейской культуры, с которого Ренессанс, собственно, и начинался.

В еврейской культуре поэзия и философия Золотого века ассоциируется, прежде всего, с идеями мессианского сионизма, с вечной тоской народа по потерянной Родине, с негасающей надеждой найти где-нибудь на этой планете свое собствнное царство без враждебного господства и тиранства. Вокруг подобных ассоциаций слагаются легенды и былины из жизни замечательных людей того времени:

В 960 году Хасдай ибн Шапрут,— служивший министром при царском дворе в блистательной Кордове, которую мудрые халифы и щедрые покровители науки и искусства Абдурахман III и Альхакем превратили в светоч веротерпимости, знаний и просвещения среди мрака одичавшей Европы, в благословенной Кордове, где, как ни трудно в это поверить, достоинства ума и сердца ценились выше воинских доблестей,— всеведущий Хасдай ибн Шапрут услышал от персидских послов, что где-то на краю Земли в степях за Византией и Русью есть иудейское царство Хазария, а услышав, немедленно отправил к хазарскому кагану Иосифу личного посла с письмом, содержавшим страстное признание: «Если ты подтвердишь, что есть у нашего народа свое царство на земле, я оставлю мое высокое положение и пойду по горам и долинам, по суше и по морю пока не приду в то место, где живет господин мой, царь иудейский», и прошло много времени прежде чем он получил ответ от кагана Иосифа, потому что весть из конца в конец Европы шла так много времени, что не суждено было Хасдаю переселиться в иудейское царство, ибо вслед за письмом пришла печальная весть о том, что киевский князь Святослав завоевал хазарские крепости на Волге и уничтожил хазарское царство, а сын его Владимир Святой отверг предложение разгромленных хазарских евреев принять иудаизм и, обратившись лицом к великой византийской Айя Софии, крестил свой народ, окончательно похоронив надежды потомков Хасдая найти на земле место для царства иудейского.

В многотысячелетней еврейской культуре происходят время от времени всплески талантов необычайной силы. Такое случилось и во времена Золотого века в средневековой Испании — родине сефардской ветви еврейского народа. Перефразируя восклицание Моисея Эзры по поводу таланта юного Иегуды Галеви, можно сказать, что из Испании «воссиял свет для озарения всего мира», воссиял и высветил во мраке Темной эпохи далекие вершины Альп, за которыми разгорались первые робкие огоньки итальянского Ренессанса.

ВЫБРОШЕННЫЕ ИЗ КАРЕТЫ ПОДНИМАЮТСЯ

> Их доля в списке великих имен мирового масштаба в литературе, науке, искусстве, музыке, медицине, новейших открытиях не пропорциональна доле евреев среди других народов... Они, евреи, во все времена — в схватке, в сражении с целым миром, и в этой схватке они могут надеяться только на себя, так как никто их не поддержит. И они сражаются не на жизнь, а на смерть...
>
> *Марк Твен*

Золотой век еврейской культуры был беспощадно пресечен христианскими монархами Европы. В 1215 году папа Иннокентий III утвердил постановление церковного собора о ношении евреями специального позорного отличительного знака — куска желтой ткани, с тем, чтобы каждый христианин знал, кого можно оскорблять и грабить безнаказанно. В 1242 году в Париже были публично сожжены на костре 24 воза экземпляров многотомного Вавилонского Талмуда, отнятого у евреев по всей Франции. В 1290 году король Эдуард издал указ о выселении евреев из Англии в трехмесячный срок, за неисполнение — смертная казнь. В 1306 году король Филипп Красивый издал указ о выселении евреев из Франции в месячный срок без права забирать с собой какое-либо имущество. В середине XIV века, во время эпидемии чумы, названной «Черной смертью», был пущен слух, что зараза вызвана евреями. Грязные толпы обезображенных болезнью и страхом людей, убивая и грабя евреев, уничтожили остатки законности и порядка. Избиение евреев началось в Южной Франции, но страшные размеры оно приняло в Германии, Эльзасе, Австрии, Швейцарии и Богемии, где евреев убивали тысячами. Загнанные в гетто евреи Германии, как овцы в окружении стаи голодных волков, с ужасом ждали неминуемой расправы. Немецкий историк писал: «С тех пор, как евреи живут на свете, они еще не переживали более жестокого столетия, чем четырнадцатое. Можно удивляться, как после такой бойни остался в Германии хоть один еврей». В 1483 году в Испании начались массовые судилища над евреями, сопровождавшиеся страшными пытками и завершавшиеся сожжением на кострах. В 1492 году испанские властители издали указ об изгнании евреев, не желающих принять христианство, из Испании в четырехмесячный срок, за неисполнение — смерть. 300 тысяч евреев, предки которых жили в Испании еще в дохристианские времена, покинули эту страну и изгнанниками направились в Палестину, Италию, Голландию, Турцию, Северную Африку и соседнюю Португалию. В 1498 году португальский король изгнал из Португалии всех евреев, в том числе беженцев из Испании. Сто тысяч португальских евреев направились в северную Африку, Италию и Турцию, многие из них погибли в пути или были проданы в рабство.

Так протекал процесс, который историк Пол Джонсон образно-деликатно описал словами — «постепенно их выбросили из кареты, и они отставали все больше и больше». «Выброшенные из кареты» евреи метались по Европе и Ближнему Востоку, пытаясь найти уголок, где им дали бы спокойно жить. Как только такой уголок находился, в нем немедленно прорастали плодоносные зерна таланта.

В XIV и XV веках в Центральной Азии процветала еврейско-персидская поэзия, ее основоположники и наиболее яркие представители *Шохин Ширази* и *Иосиф Имрони* были чрезвычайно популярны в иранской еврейской диаспоре от Шираза и Тегерана до Бухары и Самарканда; впоследствии от этой ветви средневековой еврейской литературы отпочковалась оригинальная еврейско-бухарская религиозная и светская литература.[60]

В 1565 году в галилейском городе Цфате выдающийся талмудист *Иосиф Каро*, изгнанный с родителями из Испании, завершил знаменитый свод еврейских народных законов «Шульхан Арух».[61]

Иосиф Каро (1488–1575)

Исаак Лурия (1534–1572)

В 1570 году живший в Цфате *Исаак Лурия* составил на основе древней рукописи «Зогар» учение Каббалы. По преданию, книга «Зогар» была написана в конце II — начале III века н.э. *Симоном бен Иохаи* из школы великого рабби Акивы, когда Симон скрывался в пещере от преследований римских властей. Рукопись книги «Зогар» впервые появилась в XIII веке в Кастилии, а законченное учение Каббалы было сформировано учениками Исаака Лурии в Цфате в конце XVI века. Каббала претендует на раскрытие тайного смысла Торы, которая рассматривается в качестве кодированного источника сведений о судьбе всего сущего. Учение Каббалы, пожалуй, одно из наиболее выразительных и удивительных явлений мистического творчества человека, до сих пор привлекающее людей самых разных мировоззрений — в стремлении приблизиться к непостижимому она сверкает все новыми и новыми неожиданными поворотами мысли.[62]

В 1675 году в Голландии великий *Барух Спиноза*, предки которого были изгнаны из Португалии, поставил точку в философии средневековья и заложил основы философии нового времени — философии пантеизма.[63]

Тем не менее в целом Пол Джонсон прав — к концу XVIII века евреи, насильственно «выброшенные из кареты», не по своей вине «оказались в презираемом и обскурантистском арьергарде цивилизованного человечества». Пришла, однако, эпоха Просвещения, а с нею первые акты эмансипации евреев — «освобождения от ограничений в правах представителей еврейского этноса и иудейского вероисповедания». В конце XVIII века только три государства уравняли евреев в правах — США, Франция и Нидерланды. Однако в наполеоновскую эпоху и затем на протяжении всего XIX века европейские государства одно за другим отменяли антиеврейские законы. Даже Османская империя присоединилась к ним, а одной из последних, в феврале 1917-го года, на это решилась Россия.

Вслед за волной эмансипации последовал мощный вал еврейского таланта — воистину начался, по словам Пола Джонсона, «удивительный новый взлет творческих способностей нации»... Как хотелось бы назвать этот «удивительный новый взлет» Платиновым или даже Бриллиантовым веком еврейской культуры! Увы, подобно средневековому летописцу, приходится констатировать — «с тех пор, как евреи живут на свете, они еще не переживали более жестокого столетия, чем двадцатое». Память о невинных жертвах геноцида еврейского народа в XX веке не позволяет нам прилагать платиново-бриллиантовые эпитеты к этой кровавой эпохе несмотря на все ее культурные достижения.

И тем не менее с начала XIX века и по наши дни развитие еврейской культуры и ее вклада в мировую цивилизацию идет по нарастающей. В эти два века еврейские философия и литература, прошедшие за предшествующие почти три тысячелетия Ветхозаветный, Новозаветный, Талмудический и Средневековый (Золотой век) этапы своей истории, вступили в эпоху Нового времени. Мы попытаемся в этом и последующих разделах нашего очерка хотя бы пунктиром отметить этот путь, хотя бы назвать некоторых выдающихся философов, писателей и поэтов этой новой эпохи...

Лев Невахович (1776–1831)

Полагают, что в России, где на протяжении XIX века проживала большая часть мирового еврейства, первым заметным, светским еврейским писателем был Иегуда Лейб бен Ноах (1776–1831), известный больше как Лев Невахович. Невахович слыл энциклопедически образованным человеком, свободно владел ивритом, русским, немецким и польским языками, он оставил определенный след в российской публицистике, драматургии и философии. В 1803–1804 годах Невахович опубликовал на иврите и русском книгу «Вопль дщери иудейской», где страстно защищал достоинство и права евреев Российской империи. Известный писатель Лев Бердников утверждает, что эта книга «была первым в российской словесности произведением еврея на русском языке».[64] Исследователи отмечали также влияние сочинений Н.М. Карамзина на стиль Льва Неваховича. В дальнейшем он публиковал статьи на литературно-исторические темы и философские трактаты на иврите и русском, занимался переводческой работой. В 1809 году на сцене Александринского театра в Санкт-Петербурге, в присутствии императора Александра I, состоялась премьера драмы Льва Неваховича «Спартанцы осьмнадцатого века — историческое повествование в пяти действиях». «Сия драма есть одно из превосходнейших сочинений» — писал о премьере литератор Н.И. Греч (цитирую по книге Льва Бердникова). Драма Неваховича не сходила со сцены почти два десятилетия.

Примечательный факт биографии этого первого в российской словесности еврея — в 1798 году он был переводчиком с иврита на процессе белорусских хасидов в Санкт-Петербурге, представил дело императору Павлу I в выгодном для них свете и тем самым способствовал скорому освобождению легендарного Алтер Ребе Шнеура Залмана — основателя Любавичской ветви хасидизма.[65] Любопытно также, что внуком Льва Неваховича (по линии его дочери Эмилии) был Илья Мечников — второй после Ивана Павлова Нобелевский лауреат в российской науке.

Шнеур Залман (1745–1812)

Первая половина XIX века была временем становления в России новой еврейской литературы на иврите и идише. Получив образование, подчас заграницей или на окраинах империи (в Одессе, Вильно, Варшаве и т. д.), сыновья раввинов, приказчиков, торговцев и ремесленников начали участвовать в российской беллетристике и публицистике, открывать свои журналы и газеты как в черте оседлости, так и в столичных городах. Вдохновленные идеями Гаскалы[66] и опытом эмансипации евреев в Германии и других европейских странах, они активно включались в светскую жизнь и общероссийские общественные движения. Даже те еврейские интеллигенты, которые решительно выступали против ассимиляции евреев и концепции светского просвещения Моисея Мендельсона, не могли противиться мощному напору идей Гаскалы. Было ясно, что вот-вот произойдет прорыв в вековом застое еврейской литературы и появятся новые крупные светские писатели. Существует несколько версий этого события — Еврейская энциклопедия в статье «Литература» указывает множество имен замечательных еврейских писателей, переводчиков и журналистов начала и середины XIX века, которые готовили новый взлет еврейской литературы на иврите и идише. Большинство исследователей, однако, связывают этот прорыв с публикацией в 1864 году в Одесской газете на идише повести «Маленький человечек» молодого автора Соломона Моисеевича Абрамовича, известного с того времени под псевдонимом Ме́нделе Мо́хер-Сфо́рим (Менделе-книгоноша).

Менделе Мохер-Сфорим (1836–1917) родился в семье раввина в местечке вблизи Минска. В детстве и юности он изучал Тору и Талмуд, затем увлекался хасидизмом и философскими сочинениями Маймонида и Галеви, свободно говорил и блестяще писал на иврите и идише, неплохо владел русским и немецким языками. Рассказывали, что Соломон знал Тору наизусть, во что, конечно, трудно поверить. Он жил и учился в Слуцке, Вильно, Каменец-Подольске, Бердичеве и Житомире, скитался по Литве и Украине, а с 1881 года осел в Одессе. Менделе Мохер-Сфорим является классиком литературы на идише и иврите. Огромный успех имела его повесть «Кляча», где под видом несчастной, больной, всеми гонимой клячи, изображена жизнь угнетенного российского еврейства. Повесть

Менделе Мохер-Сфорим (1836–1917)

была переведена на русский язык самим Иваном Буниным. Менделе Мохер-Сфорим развил тему «Клячи» в рассказах «Еврейчик» и «Фишка Хромой». Последний позднее перерос в роман, инсценировка которого ставилась в ряде еврейских театров. В этих произведениях писателя, вероятно, впервые в художественной форме раскрыта суть происходящего в черте оседлости — россказням Федора Достоевского о достатке евреев, якобы живущих за счет эксплуатации местного нееврейского населения, противопоставлена реалистическая картина полунищей жизни в еврейских местечках. Наиболее известный роман писателя «Путешествие Вениамина Третьего» был написан по мотивам произведения знаменитого средневекового еврейского историка и путешественника Вениамина Тудельского «Путешествие Биньямина из Туделы». Менделе Мохер-Сфорим считается основоположником светской еврейской литературы Нового времени на языке идиш, его произведения изданы на многих языках.[67]

Творчество Менделе Мохер-Сфорима словно открыло плотину перед потоком светской еврейской литературы на идише. Во второй половине XIX и начале XX века этот поток мощно хлынул из городов и местечек черты оседлости. Затем он, постепенно ослабевая после революции 1917 года, превратился в неширокий ручеек. Затоптанный сапогами немецких нацистов и российских большевиков, ручеек в конце концов обмелел и к середине XX века заглох под камнями советского госантисемитизма.

Если говорить о дореволюционном периоде литературы на идише, то следовало бы вслед за Менделе Мохер-Сфоримом упомянуть еще трех его выдающихся представителей — Мордехай Спектор, Ицхок-Лейбуш Перец и Шолом Алейхем.

Мордехай Спектор (1858–1925) родился в Умани на Украине в религиозной хасидской семье. Первые крупные литературные публикации писателя на идише, принесшие ему известность, относятся к 1883–84 годам: «Роман без названия» и «Еврейский мужик». Эти романы были написаны под впечатлением еврейских погромов 1881 года и пронизаны палестинофильскими идеями — по существу автор вынашивал сионистскую идею за десять лет до Теодора Герцля. Спектор долгое время жил в Одессе и Варшаве, был очень близким другом Шолома Алейхема, работал издателем и редактором довольно популярных литературных сборников на идише, публиковал немало собственных очерков в еврейских газетах и журналах, среди которых отмечают серию статей «Еврейские души» о выкрестах. В 1920-м году он бежал из Советской России и с 1921 года жил в Нью-Йорке. После смерти Мордехая Спектора были издана его книга «Моя жизнь» с воспоминаниями о Шоломе Алейхеме и другими ценными историко-литературными материалами. В 1929 году в Варшаве было издано собрание сочинений писателя в 10-ти томах.

Ицхок-Ле́йбуш Пе́рец (1852–1915) родился в семье торговца в Люблинской губернии Царства Польского Российской империи. Перец является одним из классиков еврейской литературы на языке идиш. Критики отмечают два основных направления его творчества: остроконфликтные новеллы, сюжет которых разворачивается вокруг пережитков средневековья в еврейской среде — «Кабалисты», «В почтовом фургоне» и др., и романтические произведения, основанные на народном фольклоре, местечковых зарисовках, хасидских притчах — «Хасидские рассказы», «Народные предания» и др. К последнему направлению примыкают и драмы писателя — «Что таится в скрипке», «Ночь на старом рынке», «На покаянной

Ицхок-Лейбуш Перец (1852–1915)

цепи». В 1890-х годах Ицхок-Лейбуш Перец основал в Варшаве периодические издания «Еврейская библиотека» и «Литература и жизнь», сыгравшие большую роль в развитии еврейской общественной мысли. Собрания сочинений и отдельные произведения Переца изданы на многих языках.[68]

Шолом-Алейхем (Соломон Наумович Рабинович) родился в 1859 году в Переяславле на Украине в религиозной семье состоятельного торговца. Он получил обширное еврейское и русское образование, свободно говорил и писал на иврите, идише и русском. Поначалу Соломон Рабинович сочинял стихи и рассказы на иврите и русском, но в начале 1880-х годов опубликовал в одесском еженедельнике свои первые повести на идише, подписал их псевдонимом Шолом Алейхем и под этим именем стал классиком не только еврейской литературы на идише, но и мировой литературы в целом. Нет необходимости комментировать хорошо известные выдающиеся произведения писателя: «Менахем-Мендл», «Тевье-молочник», «Мальчик Мотл», «Блуждающие звезды», «Песнь песней» и многие другие[69]... Критики называли Шолома Алейхема еврейским Марком Твеном, но еще бóльшим признанием было личное замечание Марка Твена о том, что он считает себя американским Шолом-Алейхемом.

Шолом-Алейхем (1859–1916)

Писатель остро переживал трагедию российского еврейства. После погромов 1881 года на Украине он вступил в сионистскую организацию «Любящих Сион», а в 1907 году был делегатом VIII Сионистского конгресса в Гааге. После Кишиневского погрома 1903 года Шолом Алейхем писал Льву Толстому отчаянные письма с просьбой возвысить свой голос в защиту евреев — он все еще надеялся на цивилизованное решение еврейского вопроса в России. Эти надежды окончательно рассеялись после погромов 1905 года — писатель окончательно

Соломон Михоэлс (1890–1948)

покидает вместе с семьей Россию, живет в Швейцарии, затем в Германии, а в 1914 году переезжает в Америку. Он скончался от туберкулеза в 1916 году в Нью-Йорке.

Творчество Шолома Алейхема оказало огромное влияние на развитие мировой литературы, театра, кино и музыки. В российских и украинских театральных постановках и кинофильмах по его произведениям играли великие актеры — Соломон Михоэлс, Вениамин Зускин, Евгений Леонов, Михаил Ульянов, Богдан Ступка[70]... В 1964 году на Бродвее состоялась премьера мюзикла «Скрипач на крыше» по роману Шолом Алейхема «Тевье-молочник» (музыку написал Джерри Бок, либретто — Джозеф Стайн, песенные тексты — Шелдон Харник, в главной роли — Зеро Мостел), и на следующий же день стало понятно, что на небосклоне музыкального театра взошла новая суперзвезда. Мюзикл был сыгран на Бродвее 3242 раза! Пять лет спустя «Скрипач на крыше» был поставлен в Лондоне. Роль Тевье исполнял израильский актёр Хаим Тополь, который получил восторженные отзывы критики и стал сенсацией театрального сезона. В Лондоне «Скрипач» был сыгран 2030 раз! В 1971 году на экраны вышел кинофильм «Скрипач на крыше», снятый режиссёром Норманом Джуисоном с Хаимом Тополем в главной роли. Фильм получил три «Оскара» и премию «Золотого Глобуса» за лучший фильм года. Думаю, что нелегко найти произведение искусства, получившее такое широкое признание во всем мире, как «Скрипач на крыше» по роману Шолом Алейхема «Тевье-молочник». Как-то мне довелось посмотреть «Скрипача» по Интернету в исполнении музыкального театра из Токио на японском языке — японский Тевье был великолепен, и танцы еврейского местечка японцы исполняли блистательно!

Любое, даже очень краткое, обсуждение еврейской литературы на языке идиш не может обойтись без упоминания культуры хасидизма. У автора настоящих размышлений есть особые, можно сказать — кровные, основания интереса к хасидизму — мой прадед по отцовской линии Давид Якобсон был известным в истории Хабада[71] раввином в Любавичах.[72] На этот высокий пост его назначил в 1882 году, незадолго до своей кончины, Четвертый Любавичский Реббе Самуил Шнеерсон (Махарш) — правнук великого цадика Шнеура Залмана, основателя религиозного движения Любавичских хасидов Хабад. С середины XIX века, во времена моего прадеда, местечко Любавичи стало одним из религиозных и культурных центров хасидизма. Здесь работала известная Любавичская ешива — центр еврейской учености всей Белоруссии, выпускники которой впоследствии возглавляли многие синагоги Европы и США. Поколения цадиков собрали в Любавичах уникальную библиотеку старинных книг по истории, философии и религии. В начале XX века эта библиотека содержала 25 тысяч книг и 50 тысяч редких документов![73]

Отыскание в семейном генеалогическом древе известного раввина из Любавичей стало для меня в свое время и откровением и потрясением. Драматическая история этого открытия и поиска единственного сохранившегося портрета Давида Якобсона описана в отдельной небольшой новелле «Найден портрет знаменитого раввина Любавичей — родины Хабада».[74] Эта история — одна из многих подобных историй — напоминает о непреложной связи между поисками своих корней и вхождением в свою национальную культуру.

Хасидская культура, включающая музыку, танцы и литературные произведения на идише, имеет долгую историю с начала XVIII века и до наших дней. Она зарождалась в Западной Украине, принадлежавшей тогда Польше (Речи Посполитой), развивалась и достигла расцвета в черте еврейской оседлости в Российской империи — в Украине, Белоруссии, Прибалтике, а затем и в некоторых странах Европы. В XX веке вместе с волнами еврейской эмиграции из России, состоялся необыкновенный по своей мощи всемирный миссионерский поход хасидов, приведший к образованию крупных центров хасидизма в США, Израиле и многих других странах. Хасидский духовный вызов невероятной плотности словно взорвался и,

Баал Шем Тов (1698–1760)

стремительно расширяясь, усеял карту мира созвездиями хасидских общин с их своеобразной культурой.

Литературная составляющая этой культуры связана, главным образом, с жизнью и деятельностью цадиков-праведников, выступавших и в качестве авторов, и в роли персонажей различных поучительных историй, притч, преданий, сказаний и анекдотов. В хасидских историях фигурируют основатель хасидского вероучения Баал Шем Тов из местечка Меджибож на Подолье, Дов Бер (Магид) из Межерича на Волыни, Менахем Мендель из Витебска, основатель Любавичской ветви хасидизма (Хабад) Шнеур Залман (Алтер Реббе) из местечка Ляды Витебской губернии, основатель Брацлавской ветви хасидизма Нахман из Брацлава Винницкой области и многие другие...

Выдающийся еврейский философ Мартин Бубер писал:[75]

«Сердце хасидского учения — это стремление к жизни на основе религиозного порыва, восторженного ликования. Данная доктрина — отнюдь не оторванная от реальности теория. Она скорее теоретическое приложение к жизни цадиков и хасидов.»

Биение этого сердца, наполненного «религиозным порывом и восторженным ликованием», вдохновляло на протяжении двух столетий многих творцов еврейского искусства. Хасидское мироощущение и образы хасидского фольклора нашли отражение и в клезмерской музыке, и в знаменитой «Хава Нагиле», и в картинах Марка Шагала, и, наконец, в многочисленных литертурных произведениях на языке идиш. Один из классиков литературы на идише Ицхок-Лейбуш Перец создал, как уже упоминалось, целую серию романтических новелл и драм, основанных на хасидских притчах,[76] а Нобелевский лауреат писатель Шмуэль Агнон отмечал сильное влияние хасидской литературы на его творчество.[77] Изучение философии и культуры хасидизма явилось одним из основных направлений научного и литературного творчества Мартина Бубера, ему принадлежат многочисленные переводы хасидских сказаний на немецкий язык и обширная антология хасидского фольклора с комментариями составителя под названием «Хасидские истории» с многозначительным подзаголовком «Первые учителя». Подробную библиографию по истории хасидизма и его культуре можно найти в «Еврейской энциклопедии»,[78] в книгах Мартина Бубера, в работах одного из крупнейших современных исследователей хасидизма Артура Авраама Грина,[79] а также в многочисленных публикациях на эту тему на иврите, идише, русском, английском и других языках…

Нахман из Брацлава (1772–1810)

Так получилось, что этот раздел наших размышлений коснулся, в основном, еврейской литературы на языке идиш — одного из важнейших культурных достижений ашкеназийской ветви еврейства. Самая древняя из сохранившихся записей на языке идиш датируется 1272-м годом — с тех пор и до нашего времени протянулась цепочка литературы на идише, в которой просматриваются громадные вершины масштаба Менделе Мохер-Сфорима, Шолома Алейхема и Исаака Башевис-Зингера. Список замечательных писателей и поэтов, писавших на идише, включает сотни имен, и у нас нет возможности даже перечислить их.

В после-шолом-алейхемскую эпоху для еврейской литературы наступили времена, когда, как говорится, было не до литературы. Гитлер истребил в Германии, Австрии, Венгрии, Польше, Румынии, Литве, Латвии, Белоруссии, Украине и России почти всех носителей языка идиш — тысячелетняя культура была стерта с лица Земли. Во времена после Второй ми-

Перец Маркиш (1895–1952)

Лев Квитко (1890–1952)

Вениамин Зускин (1899–1952)

ровой войны Сталин добил в СССР еврейскую культуру на идише[80] — по его приказу 12 августа 1952 года взвод солдат внутренних войск расстрелял последних выдающихся представителей еврейской идишской культуры: актера *Вениамина Зускина*, писателя *Давида Бергельсона* и поэтов *Переца Маркиша, Льва Квитко, Исаака Фефера* и *Давида Гофштейна*…

Тем не менее еврейскую литературу на идише не удалось убить, она пробивалась везде, где жили евреи.[81] В XX веке и в близкие к нам времена литература на идише узнала выдающихся драматургов, писателей и поэтов, достойных наследников Шолом Алейхема — *Хаим Бялик, Семен Фруг, Семен Ан-ский* (Соломон Раппопорт — автор знаменитой пьесы «Диббук», 1915), *Шолом Аш, Перец Маркиш, Лев Квитко, Давид Бергельсон, Дер Нистер* (Пинхос Каганович — автор многотомного романа «Семья Машбер», 1948), *Эли Визель, Хаим Бейдер*… Она достигла новой вершины в творчестве *Исаака Башевис-Зингера*, удостоенного Нобелевской премии по литературе в 1978 году. В своей Нобелевской лекции этот выдающийся писатель современности сказал:

«Высшая честь, дарованная мне Шведской академией, — это признание языка идиш, языка изгнания, языка без страны и границ, не имеющего поддержки

ни одного правительства в мире... Но никто не может отрицать: те нравственные и моральные принципы, которые многие религии только провозглашали, для евреев, живших в гетто, были нормой жизни... Те, кто говорил на этом языке,— они и есть народ Книги...

Некоторые считают, что идиш — мертвый язык. Но то же самое говорили про иврит две тысячи лет подряд. Его возрождение в настоящее время — просто чудо... Идиш еще не сказал своего последнего слова. Он таит в себе сокровища, доселе еще неведомые миру. Это язык мучеников и святых, мечтателей и каббалистов. Язык, полный юмора. Язык, который многое помнит,— то, что человечество никогда не сможет забыть...»

Нобелевская премия Исаака Башевис-Зингера явилась символическим актом признания великого вклада еврейской литературы на идише в мировую культуру. Еврейские писатели и поэты сохранили для человечества тысячелетнюю ашкеназийскую культуру, вызволили из небытия давно исчезнувшие еврейские местечки, возродили их житейскую мудрость и юмор вперемежку со слезами — назло всем, кто хотел все это уничтожить и забыть... Такое бывало уже не раз в еврейской истории, и об этом написана следующая притча:

Во времена позднего средневековья евреи был выброшены, а скорее — вышвырнуты, из кареты европейской цивилизации, и пассажиры-хозяева, удобно расположившись на мягких подушках, надменно взирали через заднее окно кареты на выброшенных изгнанников, прозябавших в своих гетто за двойной стеной из ненависти и презрения,— им чудилось, что отторжение евреев от европейской культуры пойдет этой культуре впрок. Карета, тем временем, про-

Исаак Башевис-Зингер (1902–1991)

должала свой путь, тяжело переваливаясь на грязноватых ухабах истории и все более запутываясь в лабиринтах вселенского бытия. Когда она, изрядно помятая, въехала, наконец, в Девятнадцатый век, ее подрастерявшие куражу пассажиры уже едва помнили о безнадежно отставших евреях. Но внезапно, из-за крутого поворота в век Двадцатый, навстречу медленно и печально тащившейся карете вышел, непонятно откуда взявшийся, Соломон Наумович Рабинович — бодрый и жизнерадостный, мудрый, ироничный и трогательный, как смех сквозь слезы. Он подошел к карете в сопровождении скрипача на крыше, каким его нарисовал Моисей Захарович Сегал, и, как-то озорно приподняв шляпу, вежливо сказал пассажирам: «Шолом Алейхем!» И тогда пассажиры вдруг взбодрились, вышли из кареты, разгладили пролежни от малоподвижности и начали отплясывать под звуки скрипки зажигательный танец еврейского местечка, танец, в котором веселье неотделимо от грусти, а радость от горести…

ПОДСКАЗКИ ЮДОФОБОВ

> Я часто проверял людей на их отношение к евреям. И могу сказать, что сегодня нет человека, который, являясь антисемитом, претендовал бы назваться порядочным.
>
> *Дмитрий Шостакович*

Слово «порядочный» имеет в русском языке широкий спектр значений, но когда о ком-то говорят, что он «непорядочный человек», то всем все ясно без дополнительных комментариев. Дмитрий Шостакович, конечно же, не был первым, кто заметил поразительную корреляцию между непорядочностью человека и его антисемитскими взглядами, но мнение великого композитора дорогого стоит. Заведомо зная об этой жесткой связи, мы, тем не менее, намерены воспользоваться мнением антисемитов по вопросу идентификации еврейства известных писателей и поэтов…

Когда евреи пишут на еврейском языке, проблем с идентификацией их творчества, кажется, не возникает, но как быть с евреями, пишущими на немецком, английском, русском или каком-либо другом нееврейском языке? Их произведения традиционно относят, соответственно, к немецкой, английской, русской и т. д. литературе, и подчас затруднительно найти еврейскую струнку не только в таком произведении, но и у самого́ автора. В этом вопросе, однако, весьма полезны подсказки антисемитов, ибо истинный юдофоб имеет собачий нюх на евреев и, если подчас и ошибается, то исключительно из принципа — лучше наказать невиновных, чем упустить хоть одного еврея.

Хороший пример такого рода подсказки дал русский писатель Иван Гончаров, написавший, между прочим, один гениальный роман и один хороший роман — я имею в виду «Обломова» и «Обрыв». Гончаров принадлежал к образованнейшим людям своего времени, был членом Петербургской Академии наук, но страдал юдофобией в тяжелой форме. Высказывания Гончарова о евреях в литературе сильно напоминают высказывания Вагнера о евреях в музыке — поразительное даже в словесных формулировках единомыслие антисемитов. Я привожу ниже мнение этого писателя[82] отнюдь не потому, что оно резче или грубее, чем у других антисемитов,— бывали суждения и покруче,— а потому, что он говорит, пользуясь терминологией самого Ивана Александровича, не вообще о «жидах», а называет конкретные «жидовские» имена:

«Есть еще у нас (да и везде — кажется — во всех литературах) целая фаланга стихотворцев, борзых, юрких, самоуверенных, иногда прекрасно владеющих выработанным, красивым стихом и пишущих обо всем, о чем угодно, что потребуется, что им закажут. Это — разные Вейнберги, Фруги, Надсоны, Минские, Мережковские и прочие. Они — космополиты… (жиды, может быть, и крещеные, но все-таки, по плоти и крови оставшиеся жидами). Откуда им взять этого драгоценного качества — искренности, задушевности? У их отцов и дедов не было отечества и они не могли завещать детям и внукам любви к нему. В религии они раздвоились: оставили далеко за собой одряхлевшее иудейство, а воспринять душою христианство не могли. Отцы и деды — евреи не могли воспитать своих детей и внуков в преданиях Христовой веры… Оттого эти поэты пишут стихи обо всем, но пишут равнодушно, хотя часто и с блеском, следовательно неискренно… Как бы они блестяще ни писали, никогда не удастся им даже подойти близко и подделаться к таким искренним, задушевным поэтам, как, например, Полонский, Майков, Фет, или из новых русских поэтов — граф Кутузов.»

Спасибо Ивану Гончарову: прежде я и не задумывался о том, что выдающийся русский поэт *Семен Надсон* — поэт скорбный и задушевный, был евреем. Никак не могу понять, почему Надсон обозван «борзым» и «юрким»,— это к нему ну никак не подходит. На самом деле, к «жидам» его тоже можно отнести с большой натяжкой. Отец Надсона был православным христианином — крещеным евреем во втором поколении, а мать — русской дворянкой из семьи Мамонтовых. Семен с детства жил в доме Мамонтовых, воспитывался на русской литературе, в первую очередь, на поэзии Лермонтова и Некрасова. Так что — еврейского в Надсоне было не больше, чем у другого русского поэта Владимира Высоцкого, отец которого тоже был евреем по крови — некрещеным, однако! Тем не менее российские антисемиты со времен Гончарова цепляются к мнимому еврейству Надсона по любому поводу и без повода. Он и умер-то в 25 лет не без их помощи — известный критик-мракобес Буренин буквально затравил больного поэта. По этому поводу Владимир Короленко писал: «Того, что проделал Буренин над умирающим Надсоном, не было ни разу во всей русской печати. Никто, в свое время читавший эти статьи, не может ни забыть, ни простить их». Благородный Короленко ошибался — Гончаров не просто простил Буренину подлую травлю поэта, но и присоединился к нему. Если же говорить по существу, то стихи Надсона пользовались колоссальным успехом на рубеже 1890-х годов, в преддверии Серебряного века русской поэзии. В 1886 году, когда Гончаров включил Надсона в свой пасквильный «жидовский» список и обвинил его в неискренности, поэт был удостен Пушкинской премии Академии наук за поэзию, обладающую «страстной и глубокой искренностью». Уж очень талантлив был этот полуеврей Надсон — не могли ему этого простить гончаровы и буренины... В 1885 году, за два года до смерти, уже тяжело больной, Семен Надсон написал свое, кажется, единственное стихотворение на еврейскую тему, единственное, но какое! —

Семен Надсон (1862–1887)

Я рос тебе чужим, отверженный народ,
И не тебе я пел в минуты вдохновенья.

Твоих преданий мир, твоей печали гнет
Мне чужд, как и твои ученья.

И если б ты, как встарь, был счастлив и силен,
И если б не был ты унижен целым светом —
Иным стремлением согрет и увлечен,
Я б не пришел к тебе с приветом.

Но в наши дни, когда под бременем скорбей
Ты гнешь чело свое и тщетно ждешь спасенья,
В те дни, когда одно название «еврей»
В устах толпы звучит как символ отверженья,

Когда твои враги, как стая жадных псов,
На части рвут тебя, ругаясь над тобою,—
Дай скромно встать и мне в ряды твоих бойцов,
Народ, обиженный судьбою.

Можно соглашаться с поэтом или, напротив, резко возражать ему, но иногда в поэзии несколько строчек стоят многих томов — такова поэзия Семена Надсона.

Еще одна моя личная благодарность Ивану Гончарову за *Николая Минского* — я определенно не знал, что этот поэт Серебряного века, революционер, «патриарх русского декаданса» и «дедушка русского символизма», был крещеным евреем по фамилии Виленкин. Николая Минского, вопреки расистскому навету Гончарова, высоко ценили несколько поколений блистательных поэтов-символистов, в том числе Брюсов, Бальмонт, Волошин, Ива́нов, Белый, Блок, Мережковский…

Николай Минский (1855–1937)

Первый из упомянутых фигурантов списка Гончарова — выдающийся историк литературы, переводчик и поэт, профессор Санкт-Петербургского университета *Петр Вейнберг* — действительно был креще-

Петр Вейнберг (1831–1908)

ным евреем. Петр Вейнберг впервые перевел на русский язык многие произведения западноевропейских классиков: Гюго, Гёте, Гейне, Бёрне, Гуцкова — в этом Гончаров, вероятно, усмотрел его «космополитизм». Сам Вейнберг тоже занимался стихосложением и писал лирические и юмористические вирши в стиле Генриха Гейне (кстати, тоже «жида» по терминологии Гончарова), подписываясь «Гейне из Тамбова». Почему Гончаров считает, что Вейнберг писал «равнодушно, хотя и с блеском, следовательно, не искренно» — остается тайной гончаровской логики.

Упоминание Гончаровым поэзии Фруга[83] дает нам еще одну возможность вспомнить творчество этого замечательного еврейского поэта и публициста.

Семен Фруг (1860–1916) родился в Херсонской губернии на Украине в семье писаря еврейской земледельческой колонии. Он писал свои произведения на иврите, идише и русском языке, привлекал внимание читателей «музыкальным стихом и подкупающей искренностью». Вопреки мнению Гончарова, Семен Фруг сочинял отнюдь не то, что ему закажут, а глубоко выстраданные стихи о тяжелой судьбе своего народа. На юге России стихи Фруга распевались на разные мотивы, и многие из них стали народными песнями. Семен никогда не отрекался от своего еврейства, после погромов 1881 года активно участвовал в палестинофильском движении и стал, по воспоминаниям современников, «властителем дум еврейской молодежи». По свидетельству историка Семена Дубнова,[84] молодые сионисты уезжали из Украины в Эрец-Исраэль с «Еврейской мелодией» Фруга, как с «восторженным маршем исхода». В русской поэзии

Семен Фруг (1860–1916)

Семен Фруг оценивался, по словам известного критика Александра Скабичевского, как «один из самых симпатичных, искренних и, главное дело, истинных поэтов». Любопытно, что Фруга иногда называли еврейским Надсоном, но для Гончарова крещеный полуеврей Надсон и полный еврей иудейского вероисповедания Фруг ничем не отличаются, для него они оба — «жиды».

С последним фигурантом списка «жидов» в русской поэзии — выдающимся писателем, поэтом, историком и философом Дмитрием Мережковским — у автора списка случился прокол. Мережковский не был евреем, он происходил из семьи крупного русского чиновника, тайного советника при дворе Александра II. В данном случае Гончаров просто увлекся жидоискательством и, слегка потеряв ориентацию в пространстве, сорвался на Мережковском в порыве ненависти ко всему новому. Еще один прокол случился у Гончарова с замечательным русским поэтом Афанасием Фетом, который был, на самом деле, как минимум, полуевреем, но мы не будем переносить его имя из нижней, положительной части списка Гончарова в его верхнюю, отрицательную часть из уважения к Афанасию Афанасьевичу, тайно страдавшему из-за своего еврейства.[85]

Со времен Надсона, Фруга, Минского и Вейнберга, «любезно» подсказанных нам Гончаровым, участие евреев в русской словесности нарастало на протяжении всего XX века. Обширная двухтомная антология еврейско-русской литературы за два последних века, составленная профессором Максимом Шраером, включает более 130 авторов.[86] Это весьма огорчило бы Ивана Александровича, но список евреев и полуевреев, внесших значительный вклад в русскую литературу уже после его жалоб Великому князю Константину Константиновичу, значительно расширился, а реденькая «жидовская фаланга» русских писателей и поэтов разрослась до целой армии. Ниже я перечисляю наиболее выдающихся представителей этой «жидовской армии» в алфавитном порядке, чтобы избежать какой-либо систематизации, но отбор произведен в точном соответствии с гончаровской концепцией «жидовства»: полные евреи и полуевреи — даже те, кто крестился:

Самуил Маршак
(1887–1964)

Борис Пастернак
(1890–1960)

Анатолий Рыбаков
(1911–1998)

Илья Эренбург
(1891–1967)

Исаак Бабель
(1894–1940)

Эдуард Багрицкий
(1895–1934)

Павел Антокольский
(1896–1978)

Илья Ильф
(1897–1937)

Эфраим Севела
(1928–2010)

Василий Аксенов, Борис Акунин, Марк Алданов, Анатолий Алексин, Юз Алешковский, Маргарита Алигер, Павел Антокольский, Исаак Бабель, Эдуард Багрицкий, Григорий Бакланов, Агния Барто, Иосиф Бродский (Нобелевская премия, 1987), Аркадий и Георгий Вайнеры, Михаил Веллер, Владимир Войнович, Александр Володин, Владимир Высоцкий, Александр Галич, Евгения Гинзбург, Михаил Голодный, Фридрих Горенштейн, Василий Гроссман, Игорь Губерман, Семен Гудзенко, Юлий Даниэль, Сергей Довлатов, Евгений Долматовский, Юрий Домбровский, Игорь Ефимов, Владимир Жаботинский, Михаил Жванецкий, Борис Заходер, Леонид Зорин, Илья Ильф, Вера Инбер, Вениамин Каверин, Эммануил Казакевич, Григорий Канович, Лев Кассиль, Семен Кирсанов, Михаил Козаков, Владимир Кунин, Александр Кушнер, Павел Коган, Наум Коржавин, Юрий Левитанский, Бенедикт Лившиц, Семен Липкин, Осип Мандельштам, Самуил Маршак, Михаил Матусовский, Александр Межиров, Израиль Меттер, Юрий Нагибин,[87] Анатолий Найман, Борис Пастернак (Нобелевская премия, 1958), Лев Разгон, Евгений Рейн, Феликс Розинер,[88] Михаил Рощин, Дина Рубина, Анатолий Рыбаков, Давид Самойлов, Бенедикт Сарнов, Михаил Светлов, Григорий Свирский, Эфраим Севела, Илья Сельвинский, Юлиан Семенов, Лев Славин, Борис Слуцкий, Аркадий и Борис Стругацкие, Юрий Трифонов, Юрий Тынянов, Людмила Улицкая, Иосиф Уткин, Леонид Цыпкин,[89] Александр Чаковский, Саша Черный, Корней Чуковский, Лидия Чуковская, Евгений Шварц, Виктор Шкловский, Илья Штемлер, Натан Эйдельман, Илья Эренбург, Бруно Ясенский...

Этот список, конечно, поражает воображение — в нем две дюжины признанных классиков русской прозы и несколько крупнейших русских поэтов XX века, два лауреата Нобелевской премии (из пяти в русской литературе) и автор одного из лучших русских романов XX столетия «Жизнь и судьба». Вот так-то, уважаемый Иван Александрович.

В какой мере произведения этих замечательных писателей и поэтов можно отнести также и к еврейской литературе?

«Еврейская Энциклопедия Брокгауза и Ефрона» включает в еврейскую литературу как «написанное на еврейском[90] и ара-

Эммануил Казакевич
(1913–1962)

Осип Мандельштам
(1891–1938)

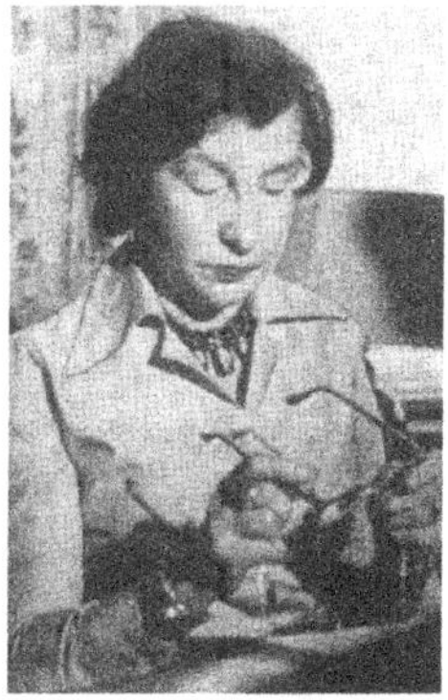

Маргарита Алигер
(1915–1992)

Борис Слуцкий
(1919–1986)

Аркадий Стругацкий
(1925–1991)

Борис Стругацкий
(1933–2012)

Фридрих Горенштейн
(1932–2002)

Аркадий Вайнер
(1931–2005)

Георгий Вайнер
(1938–2009)

Иосиф Бродский (1940–1996)

мейском языках, так и произведения, написанные евреями и неевреями по вопросам, касающимся еврейства, на каком бы то ни было языке».[91] Такое формально-расширительное толкование еврейской литературы не всегда учитывает реальные жизненные ситуации. Например, Борис Пастернак в романе «Доктор Живаго» затрагивает вопросы еврейства,[92] но исключительно в плане его скорейшей ассимиляции и слияния с христианскими народами — вряд ли самоликвидация еврейской литературы может рассматриваться как часть этой литературы. Мне представляется, что причастность того или иного произведения, написанного евреем на нееврейском языке, к еврейской литературе зависит не только от его тематики, но и, в значительной мере, от восприятия автором своего собственного еврейства. При таком подходе я бы отнес к еврейской литературе некоторые произведения Маргариты Алигер, Исаака Бабеля, Александра Галича, Фридриха Горенштейна, Василия Гроссмана, Игоря Губермана, Юрия Домбровского, Владимира Жаботинского, Михаила Жванецкого, Эммануила Казакевича, Григория Кановича, Михаила Козакова, Семена Липкина, Самуила Маршака, Феликса Розинера, Дины Рубиной, Анатолия Рыбакова, Григория Свирского, Эфраима Севелы, Бориса Слуцкого, Людмилы Улицкой, Виктора Шкловского, Ильи Эренбурга…

Елена Вентцель (И. Грекова) (1907–2002)

Если же исходить из расширительного определения «Еврейской энциклопедии», то я бы определенно отнес к еврейской литературе блестящий роман русской писательницы И. Грековой «Свежо предание» (И. Грекова — псевдоним писательницы и выдающегося математика Еле-

Василий Гроссман (1905–1964)

ны Сергеевны Вентцель). «Свежо предание» — это не только самый правдивый и талантливый роман о судьбе евреев в Советском Союзе, это — подвиг русской женщины, до которого не сумели подняться русские мужчины.

Впрочем, легко быть героем издалека, ибо, за исключением приблатненных номенклатурщиков, трудно, очень трудно было советским писателям — и русским, и евреям — во времена коммунистической диктатуры. Постоянный страх перед всесильным режимом, всеохватный госстрах давил на них, и далеко не все могли противостоять этому. Евреи испытывали двойной гнет — общережимный и специфический, только на них направленный — госантисемитский.[93] В 1953 году, в разгар Дела врачей, еврейских писателей, наряду с другими знаменитыми евреями, принуждали подписывать письмо с призывом к собратьям-евреям поехать на освоение Крайнего Севера и Дальнего Востока во «искупление своей вины перед русским народом». Многие подписывали, а затем тяжело переживали свою слабость, с ужасом раскрывали утреннюю газету, страшась увидеть свое имя под гнусным письмом, годами скрывали причастность к преступному плану, терзались всю последующую жизнь. По воспоминаниям Аркадия Ваксберга, поэтесса, Лауреат Сталинской премии Маргарита Алигер — хрупкая, болезненная, сломленная жизнью женщина, впоследствии говорила: «Было очень страшно, а стать героем способен не каждый». Было страшно, ибо было все — расстрелы, аресты, многолетняя каторга в концлагерях ГУЛАГА, ссылки, изгнание с работы, запрет на публикацию, изъятие написанного, высылка из страны, вынужденная эмиграция.

В октябре 1960 года Василий Гроссман передал в редакцию литературного журнала «Знамя» рукопись своего великого романа «Жизнь и судьба», который он тайно писал более десяти лет. По свидетельству друзей писателя, он ожидал ареста, но власти поступили нестандартно — они арестовали не писателя, а сам роман. В феврале 1961 года на квартиру Гроссмана явились три офицера КГБ и насильно забрали у автора все рукописи и машинописные копии романа — банда партийных уголовников ограбила его, отняла труд его жизни, отняла тихо, без огласки, отняла так, чтобы никто никогда не узнал, что этот труд вообще когда-нибудь существовал. Что может быть страшнее для писателя, чем осознание того чудовищного факта, что его роман никогда не увидят люди, для которых он его написал. Гнетущая мысль — роман может быть уничтожен навсегда — ввергла Гроссмана в страшную депрессию. Друг писателя Семен Липкин писал:[94] «Гроссман постарел на наших глазах. Его курчавые волосы поседели и поредели. Его астма обострилась… Он стал волочить ноги».

«Меня удушили в подворотне» — подводил страшный итог своей жизни великий русский писатель. Он умер в муках, одиночестве и безвестности через три года после крушения надежды на публикацию романа «Жизнь и судьба».

Борис Ямпольский писал о Василии Гроссмане:

«Я часто видел его в годы его главного творения, Главной книги, и он похож был скорее на каменотеса… Он, казалось, строил в это время грандиозный Собор, и эта книга, не увидевшая света, и была Собором, величественным, современным, суровым, и светоносным, святым Собором нашего времени. В ней впервые и до сих пор… единственный раз была сказана вся правда о прошедшей великой и страшной войне».

Народ России, для которого Василий Гроссман построил «святой Собор нашего времени» — первый правдивый и всеохватный роман о величайшей войне в истории страны, смог прочитать его только через 24 года после смерти автора.

ЕВРЕИ ВЕЗДЕ — «КАЖЕТСЯ, ВО ВСЕХ ЛИТЕРАТУРАХ»

Гетто избранничеств! Вал и ров,
Пощады не жди!
В сем христианнейшем из миров
Поэты — жиды!

Марина Цветаева

Возвращаясь во времена Ивана Гончарова, можно утверждать, что уже тогда, пожалуй, не было ни одного европейского языка, на котором бы евреи не писали светские художественные произведения. Как правильно заметил писатель, они присутствовали «везде — кажется — во всех литературах». «Выброшенные из кареты» начали подниматься повсеместно!

Если начинать разговор с англоязычной литературы, то нельзя не отметить огромное влияние библейских сюжетов и еврейских тем на произведения английской и американской классики. «Потерянный рай» и «Самсон-богатырь» Джона Мильтона, «Каин» и «Еврейские мелодии» Джорджа Гордона Байрона, «Призрак Авеля» Уильяма Блейка, «Иуда Маккавей» Генри Лонгфелло, «Моби Дик» и «Кларель» Германа Мелвилла и многие другие произведения вплоть до нашего времени изобилуют библейскими мотивами. Еврейские персонажи присутствуют в произведениях едва ли не всех англоязычных классиков от Вильяма Шекспира до Джеймса Джойса. Подчас, они вводятся в литературный сюжет в завуалированной форме — отнюдь не сразу можно понять из туманных намеков Даниеля Дефо, что герой его знаменитого романа «Робинзон Крузо», воплотивший «дух победной предприимчивости, несокрушимого оптимизма и гуманного рационализма», является, на самом деле, сыном крещеного португальского еврея.

Джордж Элиот
(1819–1880)

Вслед за Дефо, по-видимому, Вальтер Скотт был одним из первых, кто отошел от стереотипного отрицательно-карикатурного изображения евреев — в романе «Айвенго» он наделил их привлекательными человеческими чертами. Со временем еврейские персонажи стали изображаться как органичная часть человеческого сообщества со всеми их достоинствами и недостатками — таков, например, герой романа Джойса «Улисс» Леопольд Блум, в характере которого отображается многогранность и сложность современного человека.

Английская писательница XIX века Джордж Элиот с поразительной глубиной прониклась еврейскими проблемами. В 1876 году она вывела в романе «Дэниэль Деронда» образ неотразимого мужчины, который решил посвятить жизнь борьбе за национальное освобождение еврейского народа. Элиот разработала своеобразную сионистскую программу и предсказала возрождение Израиля в виде демократической республики, построенной на идеалах свободы и равенства. Книга Джордж Элиот пользовалась длительным и огромным успехом во всем мире. Историк Пол Джонсон писал, что «с позиции практического результата она была, пожалуй, наиболее влиятельным романом XIX столетия». Для образованных христиан Европы и Америки роман оказался введением в еврейскую проблему; среди первых читателей романа был Артур Бальфур — будущий британский министр и автор знаменитой Декларации Бальфура,[95] познакомившийся с Джордж Элиот в 1877 году. Для сотен тысяч евреев диаспоры книга Элиот рисовала реалистическую картину возвращения в Сион, она оказалась катализатором возрождения их национального самосознания за двадцать лет до книги Теодора Герцля «Еврейское государство». Мне представляется, что роман Джордж Элиот определенно принадлежит еврейской культуре, хотя написан нееврееем на нееврейском языке.

Список писателей и поэтов еврейского происхождения, писавших на английском языке, весьма обширен и вряд ли может быть восприведен здесь при всем желании. Вот краткая выборка из него в алфавитном порядке:

Грейс Агилар, Айзек Азимов, Сол Беллоу (Нобелевская премия, 1976), Анита Брукнер, Эли Визель (Нобелевская премия, 1986), Аллен Гинсберг, Надин Гордимер (Нобелевская премия, 1991), Бенджамин Дизраэли, Эдгар Доктороу, Израиль Зангвиль, Бел Кауфман, Артур Кёстлер, Эмма Лазарус, Артур Миллер, Хэролд Пинтер (Нобелевская премия, 2005), Хаим По́ток, Элмер Райс, Филип Рот, Хенри Рот, Айн Рэнд, Ирвинг Стоун, Джером Сэлинджер, Арнолд Уэскер, Элейн Файнстайн, Говард Фаст, Джозеф Хеллер, Лилиан Хеллман, Ирвин Шоу, Леон Юрис...

Многие произведения этих всемирно известных авторов переведены на русский язык и хорошо знакомы нашим читателям.

Грейс (Мирьям) Агила́р (1816–1847), по-видимому, была первой заметной английской писательницей еврейского происхождения. Она родилась в Лондоне в семье португальских марранов, бежавших от преследований в Англию. Интерес к еврейской истории, с детства отличавший Агилар, привел ее к созданию популярного романа «Кедровая долина, или мученик» о преследовании марранов инквизицией, а также к «Истории евреев Англии» — одному из первых сочинений на эту тему. Она же, по всей видимости, первой в английской беллетристике описала быт еврейской семьи в Англии того времени в ряде рассказов и семейных хроник.

Бенджамин Дизраэли (1804–1881)

Самым влиятельным среди английских писателей-евреев XIX столетия был, конечно, *Бенджамин Дизраэли* (1804–1881), больше известный как лорд Биконсфильд, виконт Гугенген и премьер-министр Великобритании на пике ее имперско-колониального могущества (1874–1880).[96] Предки Дизраэли принадлежали к испанским евреям, изгнанным с родины еще в XV веке, а его дед Бенджамин эмигрировал в Англию из Италии. Отец будущего премьер-министра Исаак был убежденным вольтерьянцем, он привил сыну любовь к чтению книг и крестил его в возрасте тринадцати лет. Тем не менее лорд Биконсфильд не только не забыл о своем еврействе, но подчеркивал принадлежность к этому великому, на его взгляд, народу во всех своих литературных произведениях. Перу Дизраэли принадлежат несколько обширных романов: «Контарини Флеминг», «Давид Алрой», «Конингсби, или Молодое поколение», «Сибилла, или Две нации», «Танкред, или Новый крестовый поход»… Евреи в романах Дизраэли гордятся своим происхождением и живут романтической верой в будущее своего народа. Писатель рассматривал иудаизм и христианство как две стадии одной и той же религии, которые в будущем должны объединиться. При этом в иудейской первооснове христианской церкви он видел подлинный источник европейской цивилизации. Как государственный деятель Лорд Биконсфильд был творцом Британской имперской политики викторианской эпохи, но как писатель он симпатизировал идеям политического сионизма. Можно даже заключить, что творчество Дизраэли во многом предопределило те благородные веяния в политике правящих кругов Великобритании, которые через сорок лет привели к исторической Декларации Бальфура.[97]

На рубеже XIX–XX веков в Англии был весьма популярен писатель *Израиль Зангвиль* (1864–1926), родившийся в Лондоне в семье бедных еврейских эмигрантов из Польши. Известность пришла к нему 1890-е годы после публикации серии рассказов из жизни польских евреев — «Трагедии Гетто», «Дети Гетто», «Мечтатели Гетто», «Комедии Гетто» и другие. Зангвиль знал о жизни восточноевропейских евреев лишь понаслышке и из воспоминаний других людей, но его произведения привлекали английских читателей новизной и экзотичностью тематики, равно как и своеобразным юмором и склонностью автора к парадоксам. Всемирную известность Израиль Зангвиль приобрел после выхода в свет драмы «Плавильный котел» («The Melting Pot»), написанной по следам поездки в США. Сравнение Америки с могучим плавильным котлом, в котором люди разных национальностей и рас переплавляются в новую единую американскую нацию, было вскоре подхвачено прессой и стало идиоматическим стандартом. Сама драма Зангвиля очень скоро сошла со сцены, но ее название обрело бессмертие. Подобно тому как имя малоизвестного путешественника Америго Веспуччи стало названием гигантского вновь открытого континента благодаря обольстительному названию его давно забытой рукописи «Новый свет», так и Израиль Зангвиль стал знаменитым благодаря удачному названию своей не очень удачной пьесы. В конце жизни писатель был одним из духовных лидеров сионистского движения, и, вместе с тем, не чуждался социалистических и коммунистических идей — такое сочетание было нередким в те годы в среде еврейских интеллектуалов. Произведения Израиля Зангвиля, помимо английского, издавались в переводах на еврейском и русском языках.[98]

Израиль Зангвиль (1864–1926)

Многие англоязычные писатели-евреи XX века стали классиками британской, американской, канадской, австралийской, южно-африканской и вообще мировой литературы, и их произведения хорошо знакомы читателям.

Бестселлером и общественным событием мирового значения стал роман *Эдгара Доктороу* «Рэгтайм» (1975); на русский язык роман перевел писатель Василий Аксенов.

Большой интерес вызвала книга внучки Шолом Алейхема *Бел Кауфман* «Вверх по лестнице, ведущей вниз» (1965).

Джером Дэвид Сэлинджер — сын еврея из Литвы и шотландки, перешедшей в иудаизм, написал всего один роман «Над

Дж. Д. Сэлинджер
(1919–2010)

пропастью во ржи», но этот роман стал выдающимся, знаковым событием мировой литературы XX века и имел оглушительный успех.

Ирвинг Стоун был одним из основоположников биографического романа; его произведения «Жажда жизни» (1934) о Винсенте Ван Гоге, «Моряк в седле» (1938) о Джеке Лондоне, «Страсти ума» (1971) о Зигмунде Фрейде, «Происхождение» (1980) о Чарльзе Дарвине и многие другие стали классикой этого жанра.

Джозеф Хеллер запомнился своим великолепным сатирическим антивоенным романом «Уловка-22» (1961) с элементами литературного абсурда.

Лилиан Хеллман стала знаменитой с первого своего рассказа «Детский час» (1934), который был экранизирован с Одри Хепбёрн в главной роли; большим успехом пользовались ее пьесы «Лисички» и «Стража на Рейне», а также серия автобиографических романов.

Ирвин Шоу прославился уже первым своим романом «Молодые львы» (1949), впоследствии он укрепил свои позиции

Ирвинг Стоун
(1903–1989)

Леон Юрис
(1924–2003)

Артур Миллер
(1915–2005)

классика мировой литературы, написав великолепный роман «Богач, бедняк», по которому было снято несколько киносериалов.

Среди многих книг *Леона Юриса* выделяется эпохальный роман «Эксодус» (1958) об исходе евреев из послевоенной Европы в Эрец-Исраэль; эта книга была переведена на многие языки, а ее общий тираж превысил семь миллионов экземпляров (!), классической стала и экранизация романа с Полом Ньюменом в главной роли; «Эксодус» буквально взорвал униженный государственным антисемитизмом мир советских евреев — они внезапно поняли, что есть евреи, которые не просят прощения за то, что они родились евреями, и которые готовы бороться за свое достоинство.

Пьесы американского драматурга *Артура Миллера* доминировали в мировом театральном репертуаре на протяжении всей второй половины XX века: «Смерть коммивояжера», «Суровое испытание», «Вид с моста», «Воспоминание о двух понедельниках», «После грехопадения», «Это случилось в Виши», «Цена» и многие другие; драматург был удостоен Пулитцеровской премии, премии Объединения нью-йоркских театральных критиков и премии Антуанетты Перри «Тони» — лишь по недоразумению его обошла стороной Нобелевская премия.

Талантливейший писатель *Говард Фаст* был членом коммунистической партии США, лауреатом Сталинской премии «За укрепление мира между народами», верным пропагандистом советского социализма на либеральном Западе — из числа тех, кого советские вожди считали «полезными идиотами». Правда, нужно отдать Фасту должное — во времена кровавого Дела «Еврейского антифашистского комитета» он вместе с Полем Робсоном пытался заступиться за советских еврейских писателей, но Фадеев и Эренбург, якобы, убедили его, что госантисемитизма в СССР нет (позволю себе усомниться в

Говард Фаст
(1914–2003)

Сол Беллоу (1915–2005)

том, что Фаст не понимал истинного положения вещей). Книги Говарда Фаста издавались в СССР невиданными тиражами, но... после разоблачения сталинского террора в 1956 году (как будто Фаст ничего не знал и не ведал о нем прежде!) писатель порвал с компартией и его книги были мгновенно запрещены в стране, которой он прежде восхищался. Писатель умер в 2003-м году на 89-м году жизни в Коннектикуте. Он написал множество романов, фантастических рассказов и сказок, историко-политических исследований и сценариев, но мне запомнились великолепные книги Говарда Фаста о евреях — «Мои прославленные братья» и «Евреи — история народа». Не забудем также его знаменитый роман «Спартак» (1951), по которому в 1960 году режиссером Стенли Кубриком был снят потрясающий и бессмертный фильм с Кирком Дугласом в главной роли.

Нобелевский лауреат *Сол Беллоу* (1915–2005) — воистину великий американский писатель, для которого духовная жизнь еврейства и еврейский вопрос стали эпицентром творчества. Родители Соломона Белоуса были очень умными людьми и еще до Первой мировой войны эмигрировали из Санкт-Петербурга в Канаду. Страшно представить, как бы сложилась судьба талантливого писателя, если бы они этого не сделали — вероятно, в диапазоне от расстрелянного Исаака Бабеля до затравленного насмерть Василия Гроссмана. Первый литературный успех Сола Беллоу пришел с романами «Праздношатающийся» (1944) и «Жертва» (1947), а особенно — с плутовским романом «Приключения Оги Марча» (1953). После «Приключений...» критика прочно связала имя Беллоу с плеядой американских писателей, определивших новую эпоху в американской прозе. В те ранние годы творчества Сол Беллоу активно занимался переводами произведений еврейских писателей с идиша на английский — именно он в 1953 году открыл для широкого круга читателей произведения Исаака Башевис-Зингера. В 1964 году писатель выпустил роман «Герцог» о духовных исканиях еврейского интеллектуала. Эта книга была удостоена Национальной премии США, нескольких международных премий, экранизирована, переведена на многие языки и, безусловно, принадлежит к числу крупнейших достижений американской литературы XX века. Тему исканий еврейской интеллигенции продолжил роман «Планета мистера Сэмлера» (1969), эта книга также была удостоена Национальной премии США. В 1976 году Солу Беллоу была присуждена Нобелевская премия по литературе «за гуманистическую проникновенность и тонкий анализ современной культуры, органически сочетающиеся в его творчестве». До конца жизни еврейство и Израиль занимали важное место в творчестве Сола Беллоу.

Артур Кёстлер (1905–1983)

Биография английского писателя *Артура Кёстлера* (1905–1983) сама по себе напоминает гениальный фантастический триллер. Кёстлер был венгерским евреем, в юности сочинял на венгерском языке, а в 17 лет переселился в Германию и стал писать по-немецки. В 20-летнем возрасте уехал в Эрец-Исраэль и стал членом киббуца, был корреспондентом ряда немецких газет. В 1929 году вернулся в Европу, вступил в Коммунистическую партию Германии и в 1932–33 годах путешествовал по Советскому Союзу. В возрасте 26 лет Кёстлер участвовал в арктической экспедиции на дирижабле «Граф Цеппелин», в возрасте 31 года отправился в Испанию, сражался в рядах Интернациональной бригады, попал в плен, был приговорен к смертной казни, но спасся... В 1938 году, узнав о сталинском терроре, вышел из компартии, в 1939 году пошел добровольцем во французскую армию, а после ее разгрома бежал в Англию и сражался с нацизмом в рядах британской армии. После войны Кёстлер жил в Англии и писал на английском языке. В возрасте 78 лет писатель покончил жизнь самоубийством.

Артур Кёстлер написал ряд книг о возрождении еврейского государства, о героическом заселении евреями Эрец-Исраэль, о борьбе с арабским террором, об истории еврейского народа — роман «Воры в ночи» (1946), книги «Обетование и претворение» (1949) и «Тринадцатое колено» (1977). Всемирную славу принес писателю роман «Тьма в полдень» (1940) об искреннем коммунисте, который во имя спасения коммунистического мифа признается на показательном процессе в СССР в страшных преступлениях, которые он не совершал. Кёстлер первым в мировой художественной литературе описал психологическую подоплеку сталинских «судебных» процессов 1930-х годов, причем сделал это с потрясающей глубиной через яркие образы и инквизиторов, и их жертв. Роман «Тьма в полдень» стал классикой мировой антитоталитарной литературы.

Возвращаясь к общей теме этого раздела наших размышлений — о евреях в нееврейской литературе, следует повторить, что, помимо уже рассмотренных русской и английской литератур, они внесли заметный вклад во французскую, итальянскую, испанскую, латиноамериканскую, польскую, румынскую, венгерскую, украинскую и многие другие национальные литературы. Вот выдающиеся писатели, поэты и драматурги, громкие имена которых невозможно не назвать здесь:

Марсель Пруст (1871–1922) — французский писатель, знаковая фигура мировой литературы XX века;

Андре Моруа (1885–1967) — французский писатель, член Французской Академии, классик мировой литературы XX века;

Морис Дрюон (1918–2009) — французский писатель, секретарь Французской Академии;

Эльза Триоле (1896–1970) — французская писательница, лауреат Гонкуровской премии;

Примо Леви (1919–1987) — итальянский поэт и прозаик;

Марсель Пруст
(1871–1922)

Андре Моруа
(1885–1967)

Примо Леви
(1919–1987)

Юлиан Тувим
(1894–1953)

Эльза Триоле
(1996–1970)

Станислав Лем
(1921–2006)

Альберто Моравиа (1907–1990) — итальянский писатель, журналист;

Стани́слав Е́жи Лец (1909–1966) — классик польской литературы;

Януш Корчак (1878–1942) — польский педагог, писатель и публицист;

Юлиан Тувим (1894–1953) — классик польской литературы;

Станислав Лем (1921–2006) — польский писатель, философ-футуролог, классик мировой научно-фантастической литературы;

Михаил Себастиан (1907–1945) — румынский писатель, драматург, публицист[99];
Леонид Первомайский (1908–1973) — украинский поэт, прозаик, драматург;
Савва Голованивский (1910–1989) — украинский поэт, прозаик, драматург;
Абрам Кацнельсон (1914–2003) — украинский поэт;
Натан Рыбак (1912–1978) — украинский писатель.

Читатели, конечно, дополнят этот краткий список многими другими именами, ибо он лишь в малой степени отражает вклад литераторов еврейского происхождения в культуру других народов.

Особенно значительным и плодоносным было участие евреев в немецкой литературе.

В «Еврейской энциклопедии» Брокгауза и Ефрона (том X, стр.294) можно прочитать статью «Евреи в немецкой литературе», в которой подробно отражено состояние вопроса вплоть до начала XX века с указанием десятков имен писателей, поэтов, драматургов, публицистов и литературных критиков еврейского происхождения.

Слегка отступив от темы, следует отметить огромное влияние еврейской литературы на все стороны культурной жизни германского этноса, начиная со средневековья, когда Мартин Лютер осуществил полный перевод Библии с иврита на немецкий язык. Перевод Лютера был крупнейшим достижением немецкой литературы XVI века и оказал решающее влияние на формирование немецкого литературного языка. Благодаря переводу Лютера Библия стала самой читаемой книгой на немецком языке, а Библейские сюжеты — основой большого числа произведений немецких писателей вплоть до Томаса Манна в XX столетии. Заметным было также воздействие еврейской философии на зарождение протестантизма. Предшественник Реформации немецкий философ Иоханн Рейхлин свободно владел ивритом, хорошо знал еврейскую литературу. Гуманистическая философия христианина Рейхлина была по существу иудаистской, а его сочинения оказали заметное влияние на теологические взгляды Мартина Лютера.[100]

Готхольд Эфраим Лессинг (1729–1781)

Любопытно, что одним из предтечей еврейской литературы Нового времени на немецком языке был отнюдь не еврей, а великий немец — поэт, драматург, теоретик искусства, выдающийся просветитель и основоположник немецкой классической литературы *Готхольд Эфраим Лессинг* (1729–1781). Умудренный опытом, на склоне лет он сочинил драму «Натан Мудрый»,[101] в которой еврей, впервые в христианской литературе, изображен порядочным, честным и добросердечным человеком. Более того, главный герой драмы — богатый иерусалимский еврей Натан, живший во времена Крестовых походов, представлен образцом мудрости, веротерпимости и человеческого благородства. Полагают, что прообразом Натана был выдающийся философ и просветитель Моисей Мендельсон, с которым Лессинг многие годы сотрудничал и дружил. «Натан Мудрый» Лессинга стал классикой немецкой драматургии, наряду с «Фаустом» Гёте. Эта драма сыграла огромную роль в эмансипации евреев Европы в XVIII–XIX веках, но в XX веке на родине писателя, в Германии, она, увы, была забыта и… забита расистскими идеями нацизма. Если бы немцы прислушивались к поэту Лессингу больше, чем к композитору Вагнеру, их история, равно как и история Европы, были бы совсем другими. Впрочем, немцы не прислушались не только к Готхольду Лессингу, но и к другим своим гениям, начиная от Фридриха Ницше, который подверг уничтожающей критике антисемитизм Рихарда Вагнера, и кончая Томасом Манном и Бертольдом Брехтом, показавшими примитивное ничтожество идеологии нацизма.

Не могу не упомянуть в рамках нашей темы еще одного выдающегося немецкого писателя — *Карла Гуцкова* (1811–1878). Творчество Гуцкова настолько проникнуто еврейской тематикой, что я изначально посчитал его евреем, что не соот-

Карл Гуцков
(1811–1878)

ветствует действительности. Самым известным драматическим произведением этого писателя является трагедия «Уриель Акоста», написанная в 1847 году и переведенная почти на все языки (кстати, на русский язык трагедию перевел в 1880 году профессор С.-Петербургского университета Петр Вейнберг — один из фигурантов «жидовского списка» Ивана Гончарова). Критики отмечали, что по мощи художественного воплощения идеалов религиозной терпимости и свободомыслия «Уриель Акоста» является «одним из величайших произведений всех времен».

Из многих громких имен немецких литераторов еврейского происхождения, живших в XIX веке,[102] следует непременно назвать имена двух гигантов: Людвиг Бёрне и Генрих Гейне.

Людвиг Бёрне (Иуда Лейб Барух) родился в семье банкиров во Франкфурте-на-Майне в 1786 году, а умер в Париже в 1837 году. В возрасте 22 лет Иуда Барух получил степень доктора права в Гиссенском университете, в возрасте 32 лет перешел в лютеранство из карьерных соображений и принял имя Людвиг. За семь лет до кончины он вынужден был перебраться в Париж, где стал признанным лидером немецкой либеральной эмиграции. Людвиг Бёрне прославился как выдающийся публицист-эссеист, один из создателей жанра фельетона. Он также известен собранием блестящих афоризмов, мне запомнились его афоризмы о писательском труде: «Чтобы написать хорошую книгу, нужно только взять перо,

Людвиг Бёрне
(1786–1837)

обмакнуть его в чернила, а затем... выложить свою душу на бумагу»; «Краткость — достоинство, которое ограждает плохое произведение от строгой критики, а читателя банальной книги — от скуки». Людвиг был убежденным космополитом, одним из пионеров наднациональных движений нового времени. В еврейском вопросе он, подобно Гегелю, полагал, что, передав высокую Библейскую мораль христианству, евреи выполнили свою великую историческую миссию. Однако, в отличие от Гегеля, он не считал, что они должны исчезнуть, растворившись среди других народов. Напротив, им, по мнению писателя, предстоит новая миссия — подать всему человечеству пример вненационального существования в новом космополитическом братстве народов.

Генрих Гейне
(1797–1856)

Генрих Гейне (1797–1856) родился в семье купца в Дюссельдорфе, учился в Берлинском университете у самого Гегеля, там же начал серьезно заниматься литературным творчеством. В 1825 году он крестился, чтобы, как полагают, получить университетский диплом об образовании, но не изменил своего имени,— писатель иронично называл крещение «входным билетом в немецкую культуру». В 1830 году Гейне эмигрировал во Францию и всю вторую половину жизни провел в Париже. Любопытно, что в середине 1840-х годов он часто общался в Париже с молодым Карлом Марксом — дальним родственником по материнской линии. Во второй половине 1840-х годов у поэта случился прогрессирующий паралич, и остаток жизни он фактически был прикован к постели. В немецкой литературе Гейне считается вторым поэтом после Гёте, а по своему влиянию на мировую культуру с ним, после библейских поэтов, вероятно, могут соперничать только Шекспир, Гёте и Байрон. Много говорили и писали о еврействе личности и творчества Генриха Гейне. «Еврейская энциклопедия», традиционно настороженно относившаяся к евреям-выкрестам, тем не менее писала: [103]

«Гейне… был проникнут еврейством, и эта племенная и культурная связь дает себя знать в его творчестве на каждом шагу».

Сам поэт говорил об этой «племенной и культурной связи»:
«Евреи всегда были мужи, могучие, непреклонные мужи, не только некогда, но и по сей день, несмотря на восемнадцать веков преследований и горя. Если бы гордость происхождением не противоречила воину революции, моим демократическим убеждениям, я гордился бы тем, что предки мои происходили из благородного дома Израиля, что я потомок тех мучеников, которые дали миру Бога, нравственность и которые всюду и везде страдали и боролись за идеи».

Подводя итог творчеству Генриха Гейне, его близкий друг Александр Вейль эмоционально-восторженно восклицал:
«Гейне — один из многих великих борцов за человечность, которых евреи дали миру, но единственный — после библейских — великий поэт, которого еврейство дало миру».

Наверное, это утверждение соответствовало действительности в XIX веке — впоследствии еврейство дало миру еще нескольких великих поэтов, но и в наше время Генрих Гейне остается величайшим из великих!

В XX веке еврейская литература на немецком языке достигла мировых вершин и, вместе с тем, претерпела величайшую трагедию. Произведения писателей еврейского происхождения публично сжигали на кострах по всей Германии, многие писатели-евреи были замучены и уничтожены в гитлеровских концлагерях, остальные бежали от нацистского террора и до конца жизни пребывали в изгнании. Нацистам было от чего бесноваться — начиная с 1910 года, когда первым немецким писателем, удостоенным Нобелевской премии по литературе, оказался полуеврей Пауль Хейзе, и на протяжении всего века

Макс Брод
(1884–1968)

Лион Фейхтвангер
(1884–1958)

Франц Ферфель
(1890–1945)

евреи в значительной мере формировали облик немецкой литературы. Вот некоторые значительные имена, расположенные в алфавитном порядке:

Макс Брод, Франц Верфель, Теодор Герцль, Альфред Дёблин, Нелли Закс (Нобелевская премия, 1966), Анна Зегерс, Элиас Кане́тти (Нобелевская премия, 1981), Франц Кафка, Герман Кестен, Эльза Ласкер-Шюлер, Эмиль Людвиг, Эрих Мюзам, Йозеф Рот, Лион Фейхтвангер, Пауль Хейзе (Нобелевская премия 1910), Арнольд Цвейг, Стефан Цвейг, Пауль Целан...

Макс Брод написал на немецком языке 20 романов, среди котороых запомнился переведенный на русский язык «Реубени, князь иудейский».[104] Еврейские мотивы доминируют в творчестве Брода, он был убежденным сионистом и с 1939 года жил и работал в Тель-Авиве. Опубликовав, вопреки запрету автора, произведения своего друга Франца Кафки, Брод фактически открыл миру этого крупнейшего писателя XX века.

Замечательный поэт и писатель *Франц Верфель*, считающийся основоположником экспрессионизма в австрийской поэзии и драме, запомнился мне лично романом «Сорок дней Муса-дага»[105] (1933) — первым и лучшим в европейской художественной литературе произведением о геноциде армян турками.

Талантливый писатель *Арнольд Цвейг* был известным литературным функционером в послевоенной Восточной Германии, пользовался официальным признанием и почетом со стороны коммунистического режима, но запомнился своими романами о судьбе евреев и своими попытками примирить коммунизм и сионизм.

Конечно, среди этого списка выдающихся немецких литераторов выделяются три гиганта, в значительной мере определившие архитектуру фасада мировой литературы XX века — *Франц Кафка, Лион Фейхтвангер* и *Стефан Цвейг.*

О еврейской составляющей творчества Франца Кафки мы уже говорили. По-видимому, нет необходимости ломиться в открытую дверь, обосновывая национальную наполненность творчества Лиона Фейхтвангера,— большинство всемирно известных романов этого классика литературы посвящено событиям еврейской истории и еврейским судьбам: «Еврей Зюсс», «Иудейская война», «Сыновья», «Настанет день», «Успех», «Семья Опперман», «Изгнание», «Испанская баллада», «Иеффай и его дочь»…

Еврейство Стефана Цвейга, на первый взгляд, не столь очевидно — он видится, скорее, как наднациональный европеец, вселенского масштаба космополит. Тем не менее сквозной еврейский мотив проходит через жизнь и творчество писателя. В молодости Стефан Цвейг сблизился в Вене с сионистами, общался с Теодором Герцлем и Мартином Бубером. «Сколько страсти и надежды внес в мир этот одинокий человек благодаря силе одной-единственной идеи» — говорил он о Герцле позднее. До последних дней Цвейг верил, что еврейство, несмотря ни на что, будет жить, преклонялся перед его благородством и мученическим венцом.

В 1917 году Цвейг опубликовал антивоенную драму «Иеремия» на сюжет библейской Книги пророка Иеремии. Эта первая антивоенная пьеса на европейской сцене была поставлена в 1918 году в Цюрихе и в 1919 году — в Вене. Еврейский мотив присутствует также в трогательной антивоенной новелле Цвейга «Мендель-букинист» 1929-го года и в легенде «Третий голубь», опубликованной в 1934 году. Мифологиче-

Стефан Цвейг (1881–1942)

ской основой «Третьего голубя», в котором пацифистское отрицание войны странным образом совмещается с утверждением о принципиальной невозможности достичь мира, явилась библейская история Ноева ковчега — третий голубь, посланный Ноем в поисках суши, не возвращается и вечно кружит над землей в тщетных попытках найти место, где царит мир. На протяжении 1930-х годов Цвейг несколько раз обращается к теме еврейства, например, в легенде «Рахель ропщет на Бога» и, особенно, в повести «Погребенный светильник». Средневековый герой «Погребенного светильника» стремится вернуть в страну Израиля похищенную из Иерусалимского Храма менору. После многих приключений он находит менору и хоронит ее недалеко от Иерусалима, завещая открыть могилу, когда весь народ соберется на Святой земле. Цвейг рассматривает судьбу еврейского народа «как пример вечного противостояния между насилием и духом».

Стефан Цвейг пытался найти в Советском Союзе антипод фашизму. Он приезжал в Москву в 1928 году, потом внимательно следил за деятельностью руководящей верхушки СССР — разочарование было полным и тягостным. В отличие от Фейхтвангера, Цвейг однозначно понял лживость инсценированных московских политических процессов, категорически отклонил идею диктатуры пролетариата, у него вызвала отвращение практика обожествления вождя.

Личная судьба Стефана Цвейга — типичная еврейская драма гениального интеллектуала, который, подобно третьему ноевскому голубю, пытается найти место на Земле, где царят мир, разум и совесть, и который, в конце концов, с горечью осознает тщетность этих попыток. С середины 1930-х годов и до конца жизни, писатель, грубо изгнанный нацистами со своей Родины, скитается по Европе, Южной и Северной Америке, везде чувствуя себя чужим. В конце концов, в 1941 году, он оседает в небольшом городке Петрополисе близ Рио-де-Жанейро в Бразилии.

Наступил год 1942-й — фашисты захватили почти всю Европу, везде идет война, пацифистские идеи давно затоптаны сапогами его соотечественников, торжествующее хамство и звериная злоба крушат все, что было дорого Стефану Цвейгу, превращают в пепел и дым крематориев идеалы гуманизма и саму европейскую культуру, которой он так гордился. Человеконенавистники и юдофобы правят в его прекрасной Европе, в его любимой Вене, в его милом Берлине, в его изумительном Париже. Писатель одинок, он не видит просвета в этом людоедском мире. Мрак вокруг и тьма в конце туннеля…

22 февраля 1942-го года гениальный писатель кончает жизнь самоубийством.

МЫ ПРОПУСКАЕМ ЧТО-ТО БОЛЬШОЕ

> Пророки, наши еврейские предки, провозгласили, что совершенствование человека должно подчиняться прекрасной цели: человечество может стать сообществом свободных и гармоничных людей... При этом (еврейский народ) подвергается жесточайшим преследованиям... Эта свирепая ненависть зиждется на том, что именно мы дали миру идеалы гармоничного сотрудничества и усилиями лучших сынов нашего народа воплотили их в слово и дело.
>
> *Альберт Эйнштейн*

Известный американский физик, профессор Ли Смолин, анализируя современное состояние физических теорий, следующим образом, кратко и значительно резюмирует: «Мы пропускаем что-то Большое».[106]

Аналогичное ощущение — я пропускаю что-то большое — постоянно сопровождает меня при написании настоящих размышлений о еврейской культуре. Уже написано несколько разделов о еврейской литературе и еврействе в литературе, и о музыке — тоже, уже названы сотни имен, а ощущение это — я пропускаю что-то большое и важное — не проходит.

Подумалось поначалу — наверное, то искомое пропущенное, большое и важное, есть еврейская религиозная философия, которая заключена в Торе и Талмуде, и которая, безусловно, является фундаментом еврейской культуры. Но — возражал я сам себе — было бы безответсвенным касаться пóходя этого грандиозного фундамента, да и возможностей у меня нет на это — хватило бы сил прикоснуться лишь к тому, что стоит на том фундаменте.

Норберт Винер (1894–1964)

Подумалось еще — может быть, пропущенное большое и важное есть вклад евреев в науку. Но ведь я не собирался писать о науке, ибо нельзя объять необъятное. Вклад евреев в науку, технику и медицину воистину столь огромен, что даже при максимальной краткости потянет на солидный том.

Например, мы упомянули мельком, в общем списке, известного математика, профессора Массачусетского технологического института (MIT) Норберта Винера, но ведь Винер — это эпоха не только в науке, но и в культуре, это эпоха в цивилизации XX века в целом. Винер — это кибернетика и информатика, которые изменили жизнь едва ли не каждого человека на планете. Биография Норберта Винера[107] — учебное пособие по жизни гения: в 4 года он начал читать книги из родительской библиотеки, в 7 лет написал свой первый научный трактат по дарвинизму, в 11 лет поступил в Тафтс-колледж, в 14 лет получил степень бакалавра, в 18 — степень доктора философии, в 19 — должность профессора кафедры математики MIT. Имя Норберта Винера носит ряд теорем и открытий в области чистой и прикладной математики. В 1948 году была опубликована знаменитая винеровская «Кибернетика»,[108] полное название которой — «Кибернетика, или управление и связь в животном и машине». С этой книги, собственно говоря, началась технологическая революция XX века — по своему влиянию на развитие нашей цивилизации с ней может сравниться разве что труд Николая Коперника с изложением гелиоцентрической системы мироздания…

Но — наступаю я на горло собственной песне — нельзя объять необъятное, и мы решительно прерываем размышления о евреях в науке…

Говоря о месте науки в культуре человечества в целом, Альберт Эйнштейн, который, между прочим, в свое время не пропустил нечто большое и даже великое в физике, предостерегал против чрезмерного упования на разум и научные знания в интеллектуальном и нравственном развитии человечества. В программном выступлении «Цель человеческого существования»,[109] транслировавшемся по радио 11 апреля 1943 года, он подчеркивал:

> *«Поиски истин и знаний, стремление к ним, являются безусловным достоинством человека... Однако, по всей вероятности, нам не следует возводить в кумиры эту способность к познанию. Несомненно, разум обладает большой мощью, но сам по себе он не способен вести, а может лишь служить инструментом... Разум незаменим при выборе методов и средств, однако, он слеп, если речь идет о приоритетах и конечных целях».*

Что же, с точки зрения Эйнштейна, может заменить или подкрепить разум в выборе «приоритетов и конечных целей»? Вспомнив его высказывание о том, что «наука без религии хромая»,[110] можно определенно утверждать — Эйнштейн верил в необходимость доминирования нравственных, по существу Библейских, законов при разрешении стратегических проблем человечества. С особой эмоциональной мощью и остротой великий ученый и мыслитель подчеркивал приоритет нравственных законов, привнесенных в мир библейскими пророками и библейской философией.

Воспользовавшись подсказкой Эйнштейна, мы можем заполнить пробел в нашем повествовании — то искомое пропущенное, большое и важное, есть уходящая корнями в Библейские пророчества еврейская философия и этика, ставшие основой нравственного идеала нашей цивилизации.

Конечно, здесь нас подстерегает очередная трудность, ибо Библейская социально-этическая философия, даже без ее дальнейшего развития на протяжении нескольких тысячелетий, представляет собой тему необъятную. Легко сказать — мы можем заполнить пробел, но нелегко, а, может быть, и невозможно сделать это. Наше положение облегчается лишь тем, что мы находимся, на самом деле, лишь у входа в еврейскую культуру, и поэтому можем себе позволить ограничиться краткими размышлениями на данную тему.

Вот золотая цепь выдающихся еврейских пророков, религиозных и светских мыслителей, философов и социологов, простирающаяся с древних библейских времен до наших дней:

> **Авраам, Моисей, Екклесиаст, Амос, Осия, Исайя, Иеремия, Иезекиль, Даниил, Иоиль, Иона, Михей, Наум, Аввакум, Аггей, Захария, Эзра, Нехемия, Гиллель, Иоханан бен Заккай, Павел (Савл), Филон Александрийский, Иосиф Флавий, Шломо Ицхаки (Раши), Моисей Маймонид (Рамбам), Моисей бен Нахман (Рамбан), Иегуда Галеви, Овадия Бертиноро, Ицхак Абарбанель, Исаак Лурия, Иосиф Каро, Уриэль Акоста, Барух Спиноза, Моисей Мендельсон, Бенджамин Дизраэли, Генрих Грец, Карл Маркс, Фердинанд Лассаль, Моисей Гесс, Лев Пинскер, Макс Нордау, Теодор Герцль, Мартин Бубер, Владимир Жаботинский, Зигмунд Фрейд, Теодор Лессинг,[111] Альберт Эйнштейн, Анри Бергсон, Людвиг Витгенштейн, Людвиг фон Мизес, Карл Поппер, Исайя Берлин...**

Среди этих людей немало тех, кому история присваивает редкое звание — гений, их жизнь и судьба — драматическая и величественная история новаторства и борьбы за свои идеи, далеко не всегда понятые современниками. Жизнь одних из них известна в мельчайших деталях, жизнь других — лишь неясным контуром проступает сквозь туман вечности. Этим великим евреям посвящены романы, научные монографии и историко-биографические исследования, их судьбы представляют собой удивительные, а подчас и совершенно невероятные истории...

Вот одна их таких историй в нескольких телеграфных строчках. В 1921 году семья рижского торговца лесом эмигрировала из послереволюционной Латвии в Англию. Родители увезли с собой смышленого 11-летнего сына, и вряд ли даже самый проницательный звездочет смог бы предугадать поразительную судьбу этого еврейского мальчика, ставшего звездой первой величины в мировой философии, высокочтимым аристократом и общественным деятелем в чопорной Англии. После Второй мировой войны, уже будучи известным профессором Оксфорда, наш герой приезжал

Исайя Берлин
(1909–1997)

с дипломатической миссией в Советский Союз, встречался с Анной Ахматовой, с которой у него случился скоротечный роман, вызвавший гнев Сталина и волну репрессий против советских писателей. Впрочем, сама великая поэтесса простила знаменитому ученому его просчеты в оценке тоталитарного режима и даже посвятила ему великолепные стихи. Выдающиеся ученые и писатели испрашивали его мнение о своих трудах, Уинстон Черчиль посылал ему на рецензию рукопись своей знаменитой истории Второй мировой войны. В 1957 году сын торговца из Риги был возведен королевой Великобритании в рыцарское звание с правом титулования «Сэр», а в 1970-е годы он стал Президентом Британской академии наук — вероятно, это было самое высокое положение, которого достигал когда-либо еврей в британской науке. При всем при том, президент Британской академии оставался в руководстве местной синагоги, поддерживал сионизм, был другом и горячим поклонником первого президента Израиля Хаима Вейцмана, о котором оставил восторженные воспоминания. Умудренный читатель уже понял, что герой этого краткого исторического пассажа — выдающийся деятель мировой культуры XX века, один из основателей современной философии либерализма сэр Исайя Берлин.[112]

Мы отклонились, однако, от основной темы настоящего раздела — библейской социально-этической философии, изложенной в Торе в виде Законов или Кодекса Моисея. Характеризуя в целом эту философию и ее влияние на последующее развитие человеческой цивилизации, историк Макс Даймонт пишет в своей книге «Евреи, Бог и История»:

«Тора была дерзким прыжком в будущее. Она гигантски опередила все, что существовало в то время…»

Многим образованным людям, воспитанным подчас на болезненно извращенных идеях воинственного атеизма и левого либерализма, нелегко понять смысл и значение того грандиозного переворота в сознании и культуре человечества, который принесли библейские пророки вместе с открытым ими монотеизмом и провозглашенными ими нравственными законами существования рода людского.[113] Им представляется, что законы эти более менее очевидны, а смысл монотеистического перелома истории теряется в тумане так называемого научного прогресса. Для ясного понимания всего этого нужно, вероятно, погрузиться в древний языческий мир, домыслить свое существование в том мире, а затем, экстраполируя язычество в будущее, попытаться представить мир нашего времени без библейских открытий. И тогда значение этих открытий раскрывается во всей своей громадности — внезапно мы осознаем, что без них представить современный мир невозможно, что это за пределами нашего воображения. По этому поводу историк Пол Джонсон пишет необычайно ярко и выразительно:

«Один из способов подвести итог 4000 лет еврейской истории состоит в том, чтобы спросить себя: а что бы произошло с человеческим родом, если бы Авраам не был человеком высокой прозорливости, или если бы он оставался в Уре, придерживал свои идеи при себе, и никакого специфического еврейского народа не возникло. Несомненно, что мир без евреев отличался бы от нынешнего радикальнейшим образом. Конечно, вполне может быть, что человечество рано или поздно дошло бы до всех еврейских открытий. Но полной уверенности в этом нет. Все величайшие концептуальные открытия разума представляются нам очевидными и неизбежными, когда они уже сделаны, но необходимо присутствие гения, чтобы сформулировать их в первый раз.

Евреи обладали этим даром. Им мы обязаны идеями: ***равенства перед законом, как божественным, так и человеческим; святости жизни и достоинства человеческой личности; индивидуального сознания и потому личного искупления; коллективного сознания и***

***вытекающей отсюда социальной ответственности; мира как абстрактного идеала и любви как фундамента справедливости** (выделено здесь и далее мною — Ю. О.), а также многими другими идеями, создающими основу морального багажа, в котором существует человеческое сознание. Без евреев эта сцена, на которой действует человечество сегодня, была бы много более пустой…*

*Но самое главное — евреи научили нас **рационализировать непознанное**. Результатом этого явился монотеизм и три великие религии, которые его используют. Вообразить, как бы выглядел мир без них,— почти за пределами возможностей нашего воображения».*

Прошу прощения за длинную цитату, но я не думаю, что можно сформулировать вклад библейских пророков в цивилизацию человека лучше, чем это сделал Джонсон — кратко, четко, ярко, с выразительным напоминанием «Им мы обязаны идеями…». Вероятно, тем, кто ценит перечисленные после этого напоминания идеи, ставшие фундаментальными ценностями цивилизации, не нужны дополнительные комментарии…

Тем не менее хочу подчеркнуть, что утверждение — «евреи научили нас рационализировать непознанное» — Пол Джонсон относит, как видно из текста, к главному достижению библейской философии — монотеизму. Глагол «рационализировать» в тексте автора означает «сделать рациональным», то есть — основанным на разуме и на логике. Таким образом, по мнению историка, смысл перехода от язычества к монотеизму состоял не только и не столько в преобразовании концепции многих богов-идолов в идею одного единого Бога-Творца, а скорее, в **замене иррационального и пассивного представления о таинственной и непостижимой сущности явлений окружающего мира активным изучением непознанного, основанным на силе разума**. Пол Джонсон разъясняет это следующим образом:

«Интеллектуальное проникновение в область неизвестного не ограничилось идеей одного Бога. По сути, моноте-

изм можно рассматривать и как этап на пути, который ведет людей к тому, чтобы избавиться от идеи Бога. Евреи первыми свели пантеон идолов к одному Высшему Существу; вслед за этим начался процесс Его рационализации вплоть до полного исчезновения».

Здесь мы сталкиваемся со сложнейшими религиозно-философскими проблемами бытия на стыке между религией и наукой, разумом и моралью. Процесс «рационализации непознанного», запущенный древними еврейскими пророками в языческом мире с помощью фундаментальной идеи монотеизма, продолжается до сих пор — он, судя по всему, бесконечен во времени, если только не будет прерван непреодолимыми космическими катаклизмами. По мере роста знаний человека о природе увеличивается и незнаемое, и там за пределами доступного разуму таится Бог, процесс «рационализации» которого развивается параллельно с «рационализацией непознанного». Заметим, что процесс «рационализации Бога» неминуемо упирается в естественную ограниченность разума — самодовольное и, вместе с тем, наивное представление о неограниченных возможностях человеческого разума мы здесь обсуждать не будем, ибо оно само по себе находится за пределами разумного.

Таким образом, Бог не исчезает, а лишь трансформируется в нашем весьма ограниченном трехмерном воображении. На протяжении более трех тысячелетий истории монотеизма представления о Боге значительно изменялись вплоть до той кардинальной точки, которую поставил в середине XVII столетия величайший из живших на Земле, после Библейских пророков, философ — *Барух Спиноза*. Бог Спинозы уже не является личностным существом в традиционном религиозном понимании — в пантеистической теории этого мыслителя Бог сливается с природой. Философия Баруха Спинозы — это важнейший этап тысячелетнего развития концепции монотеизма.

Идеи Спинозы оказали огромное влияние на культуру нового времени, в первую очередь — на развитие философии XVII–XX веков и на взгляды выдающихся ученых, среди которых

Барух Спиноза (1632–1677)

были как верующие, так и атеисты. Альберт Эйнштейн говорил: «Я верю в бога Спинозы, который проявляет себя в упорядоченной гармонии сущего, но не в бога, который интересуется судьбами и поступками человеческих существ». В этой короткой фразе ученого заключено современное понимание идеи монотеизма, равно как и того процесса «рационализации непознанного», который, по словам Пола Джоносона, был начат еврейским народом в Библейские времена, и который является стержнем еврейской культуры.

Не следует, однако, думать, что в основаниях еврейской культуры доминируют одни лишь абстрактно-метафизические концепции монотеизма. Отнюдь! — эти основания включают также достаточно простые рационально-светские положения. Историк Макс Даймонт в своей уже упоминавшейся книге провел анализ законотворчества авторов Библии с позиций нерелигиозного исследователя и показал, что в ней впервые в человеческой истории дан «писанный, подлинно юридический свод законов», основанных на всеобъемлющем гуманизме, демократизме и стремлении к справедливости. Эти законы до сих пор регулируют отношения человека с человеком и человека с государством. Они, по мнению исследователя, уже в те древние времена предопределили такие фундаментальные ценности современной демократии как концепцию отделения церкви от государства, принцип независимости судей и судопроизводства, неукоснительное соблюдение прав меньшинств и подвластных людей, либеральные законы о разводе и почтительном отношении к правам женщин, законы о защите прав детей в том числе рожденных вне брака, концепцию интеллектуализма, как важнейшего свойства человеческой личности, принцип категорического отказа от жестокости и садизма в повседневной жизни человека и многие другие… Историк находит массу аналогий между системой государственного управления в Израиле библейских времен и государственным строем США:

«Американская демократия отнюдь не случайно так разительно напоминает государственный строй древнего Израиля. Отцы-основатели Соединенных Штатов были воспитаны на Библии. Многие из них достаточно хорошо владели ивритом чтобы прочесть Ветхий завет в оригинале. Некоторые придерживаются мнения, что американская конституция скопирована не с греческой демократии, а с еврейского государства эпохи Судей».

После этого экскурса в библейское законотворчество хочется еще раз вспомнить тех величайших еврейских мыслителей и пророков — от Моисея до Исайи и от Исайи до Гиллеля, которые на заре истории открыли человеку дорогу к «рационализации непознанного» и снабдили его моральными законами — компасом, помогающим не сбиться с пути и достичь великой конечной цели.

На протяжении двух тысячелетий библейские пророки упорно отстаивали идею единого Бога, равно как и совершенно новую для языческого мира библейскую мораль с центральной идеей любви к ближнему. На рубеже первого тысячелетия новой эры их усилия принесли ошеломительный успех — отколовшееся от иудаизма христианство начало завоевывать языческую Римскую империю на основе слегка модифицированного Моисеева Закона. Любопытно, что, по мнению одного из классиков немецкой философии Фридриха Ницше, именно этот потрясающий успех Библейской морали явился коренной первопричиной антисемитизма как всемирно-исторического явления — евреи, утверждал философ, через христианство навязали славному Римскому миру свою мораль, основанную на любви к ближнему и противоречившую здоровым инстинктам человека, стремящегося к власти над себе подобными, и за это они навечно наказаны. Таким образом, по мнению классика, Библия, как этическая основа западной цивилизации, в глубине души, инстинктивно отторгается этой цивилизацией вместе с сочинившими ее евреями.[114]

Филон Александрийский
(20 г. до н.э.–50 г.)

Одним из первых еврейских философов послеветхозаветной эпохи, перекинувшим мостик между иудаизмом и христианством был Филон Александрийский, которого иногда, наряду с другим евреем — апостолом Павлом (Савл из Тарса), называют отцом христианства.

Филон Александрийский или Филон Иудейский (20 г. до н.э. — 50 г. н.э.) — выдающийся философ, писатель, историк, религиозный мыслитель и общественный деятель, живший на рубеже первого тысячелетия новой эры в Александрии, происходил из богатой и знатной еврейской семьи, связанной, как полагают, с придворными кругами и в Риме, и в Иерусалиме. Родной город Филона был в те времена крупнейшим культурным центром мира, где древняя греческая культура сливалась с еще более древней иудейской. Именно в Александрии Библия была впервые переведена коллегией семидесяти мудрецов с древнееврейского на древнегреческий, и перевод этот под названием Септуагинта был помещен в знаменитую Александрийскую библиотеку, не имевшую равных во всем древнем мире. Считается, что это историческое деяние — перевод Пятикнижия Моисеева на греческий язык — был в равной степени актуален как для языческого греко-римского мира, так и для многочисленных эллинизированных евреев Средиземноморья. В такой атмосфере взаимопроникновения еврейской и греческой культур проходило созревание таланта и религиозно-философских взглядов Филона. В его творчестве мудрость древних еврейских пророков соединилась с новейшим вызовом греко-римских писателей и философов, вследствие чего Филона Иудейского, как уже упоминалось, называют одним из отцов христианства. Особенно глубоким было влияние этого еврейского философа на основателей христианской церкви, которые заимствовали многие его идеи и аллегорический метод толкования Священного писания. Фи-

Иосиф Флавий (37–100)

лософская система Филона повлияла на становление неоплатонизма, а для христианских авторов его творчество послужило образцом синтеза еврейской и греко-римской мысли. Например, Евангельские Послания апостола Павла обнаруживают стилистическое и идейное сходство с трудами Филона Александрийского.

О жизни Филона известно очень мало, в основном, из его собственных воспоминаний «Против Флакка» и «Посольство к Гаю», а также из отрывочных свидетельств Иосифа Флавия. Философ несомненно бывал в Иерусалиме, и христианская легенда гласит, что он встречался там с апостолами Петром и Иоанном. Известно также, что в 40-м году, после еврейских погромов в Александрии, подробно описанных Филоном, он возглавлял посольство александрийских евреев к императору Калигуле в Рим с просьбой о защите от нападений греческой черни. Кровавый тиран и садист, убийца своих родственников и организатор отвратительнейших сексуальных оргий, с надменным безразличием принял делегацию и, конечно, ничего не сделал для защиты евреев. Наверное, великий философ укорял себя впоследствии за это «метание бисера перед свиньями»…

После Филона Иудейского в горной гряде достижений выдающихся еврейских философов раннего средневековья выделяется, конечно, вершина Моисея Маймонида. «От Моисея до Моисея не было равного Моисею» — говорили современники о Моисее Маймониде, великом ученом, философе, враче и общественном деятеле, звезде первой величины Золотого века еврейской средневековой культуры.

Моисей Маймонид или Рамбам (Рабби Моше бен Маймон), известный также как Муса ибн Маймун в арабских источниках и как Моисей Египетский в русской литературе, родился

Моисей Маймонид (Рамбам) (1135–1204)

в семье потомственного раввина около 1135 года в Кордове, а умер в 1204 году в Фостате или, возможно, в Тверии. В 1150-е годы семья Рамбама была вынуждена покинуть Кордову из-за волны мусульманских притеснений. После нескольких лет скитаний по южной Испании и Провансу они перебрались в город Фес в Марокко, но и там их начали принуждать к переходу в мусульманство. Покинув Фес, Рамбам направился в Эрец-Исраэль, жил некоторое время в Акко, Иерусалиме и Хевроне, затем перебрался в Александрию и окончательно осел в Фостате близ Каира в Египте в конце 1160-х годов. Необходимость содержания семьи заставила его заняться медицинской практикой. Моисей Маймонид был, судя по всему, одним из самых блистательных врачей раннего средневековья, его незаурядные способности привлекли внимание визиря султана Саладина, властителя Египта, и в течение последующих двадцати лет Маймонид работает придворным врачом султана. Врачебная слава ученого была так велика, что, по преданию, Ричард Львиное Сердце во времена завоевания Иерусалима крестоносцами предлагал Маймониду стать его личным врачом… В те же времена Рамбам становится руководителем еврейской общины Египта.

Соединение в одном лице великого врача, великого знатока еврейского Закона, великого философа и писателя является совершенно феноменальным. Народная молва о чудесном ученом, целителе и учителе жизни из Египта распространяется по всему Средиземноморью — Моисей Маймонид становится духовным лидером своего времени. Евреи и мусульмане стекаются в Фостат из самых отдаленных уголков средневекового мира, чтобы послушать его проповеди, публичные лекции по философии, медицине и естественным наукам.

Параллельно с изматывающей повседневной работой личного врача визиря Египта и лекаря простых людей, а также лидера и духовного наставника своей общины, Рамбам завершает свои знаменитые литературные произведения: книгу «Мишнэ Тора» — полный кодекс Еврейского Закона, огромную рукопись «Путеводитель растерянных» — обобщение философских взглядов ученого, и «Йеменское послание» — публицистический трактат, содержащий смелую и откровенную критику ислама. В средневековой философии Маймонид одним из первых не побоялся поставить вопрос о соотношении религии и науки. Не может быть никакого противоречия между Божественными истинами и данными науки и философии — утверждал он и как ученый, и как богослов. Философские труды Моисея Маймонида, написанные на иврите и арабском и переведенные на латынь, оказали существенное влияние на развитие рационалистической школы и христианской теологии. Они были одним из важных источников богословских трудов Фомы Аквинского и философской революции Баруха Спинозы. В день кончины Рамбама 12 декабря 1204 года был объявлен трехдневный траур как евреями, так и мусульманами — его могила на Святой Земле, в Тверии, по сей день является местом паломничества еврейского народа.

Среди многих выдающихся еврейских мыслителей средневековья — от Моисея Маймонида до Баруха Спинозы, мне хотелось бы отметить теплыми словами Овадию Бертиноро.

Овадия Бертиноро (1450–1516) был одним из первых практических сионистов средневековья. Он родился, вырос и достиг высокого раввинского положения в Италии, но мечта о Святой Земле привела его в 1488 году в Иерусалим. Сначала Овадия намеревался лишь изучить жизнь евреев в Святой Земле, но весьма скоро он стал духовным лидером Иерусалимской общины. Бертиноро занимался духовным воспитанием и бытовыми проблемами общины, принимал и обустраивал евреев, изгнанных из Испании в 1492 году. Он открыл школы и построил синагоги, создал благотворительные учреждения для помощи бедным, наладил связи с евреями Италии, Турции и Египта, утвердил строгие правила общинной жизни. При нем еврейская община в Иерусалиме достигла небывалого в Средние века уровня в духовном и матери-

Моисей Мендельсон (1729–1786)

альном развитии. Овадия Бертиноро мечтал о притоке энергичных и образованных евреев, способных подобно ему возвратить эту землю всему еврейскому народу. Он писал: «Собрать бы горстку таких, как я, и мы смогли бы завоевать Палестину, создать там еврейское царство». Увы, этой горстки, которая всегда и везде передвигает стрелки истории, в те времена не нашлось — Овадия Бертиноро со своими устремлениями к практической деятельности на ниве сионизма был одинок в среде образованных евреев Европы того времени. Символично, что именно в Иерусалиме Овадия Бертиноро, следуя традициям великих талмудистов прошлого — Раши и Рамбама, закончил свои знаменитые комментарии к Мишне. Этот труд был опубликован в Венеции через 30 лет после смерти автора и стал общепринятым в среде европейских евреев.

Ключевой фигурой еврейской философии на переломе между средневековьем и новым временем был *Моисей Мендельсон* (1729–1786) — выдающийся мыслитель, основоположник и духовный лидер движения еврейского просвещения Гаскала. Моисей родился в Германии в бедной семье переписчика священных книг, от которого получил традиционное еврейское воспитание. Жажда знаний вела юного Моисея по дороге самообразования — он начал с философии Маймонида, затем изучал немецкую литературу, латынь, естественные науки и философию Спинозы… В зрелые годы Мендельсон был дружен с Кантом, Гумбольдтом и другими выдающимися деятелями немецкой культуры. Любопытно, что в 1763 году философская работа Моисея Мендельсона получила первый приз Прусской Академии Наук, а второе место занял… Эммануил Кант. В 25-летнем возрасте Моисей Мендельсон встретился с великим немецким просветителем и писателем Готхольдом Лессингом. Мендельсон и Лессинг были одногодками, оба вдохновлялись идеалами Просвещения, и их продолжительное творческое содружество переросло в дружбу — вероятно, это был первый случай столь тесной духовной близости христианского и еврейского мыслителей такого высокого уровня. Считается, что Мендельсон стал прототипом главного героя эпохальной драмы Лессинга «Натан Мудрый». Существует трогательная легенда о том, как Мендельсон пожертвовал жизнью ради светлой памяти своего друга. После смерти Лессинга разгорелась дискуссия о его взглядах с обвинениями в приверженности философии Спинозы, которая была тогда не в моде. Мендельсон написал статью «Друзьям Лессинга» в защиту памяти друга и побежал с ней к издателю на исходе субботы 31 декабря 1785 года, чтобы как можно раньше сдать её в печать. По свидетельству его жены, он так спешил, что не оделся достаточно тепло для берлинской зимы и заболел. Состояние Мендельсона быстро ухудшалось, и он скончался через три дня 4 января 1786 года; врач вспоминал, что Мендельсон умер с улыбкой на устах, с сознанием исполненного долга.

Моисей Мендельсон принадлежал к числу наиболее значительных философов рационалистической школы и внес важный вклад в философию эстетики — его недаром называли «немецким Сократом». Многие книги Мендельсона — «Об ощущениях», «Философские сочинения», «Утренние часы», «Об очевидности в метафизических науках», «Федон, или О бессмертии души» — переводились с немецкого на голландский, английский, французский, датский, русский и иврит. Появление книги Мендельсона «Иерусалим, или О религиозной власти и иудаизме» приветствовали выдающиеся философы того времени — Кант писал автору, что считает его книгу «провозвестницей великих реформ не только для еврейской нации, но и для других народов». В 1783 году появилась статья Мендельсона «Что такое Просвещение?», в которой автор выступал инициатором движения «еврейского просвещения». Фактически, Моисей Мендельсон проложил евреям Европы путь из средневекового гетто в общемировую культуру нового времени. Не без его влияния с конца XVIII века начался лавинообразный процесс предоставления евреям всех гражданских прав в Европе и Америке. Будучи одновременно убеждённым рационалистом и глубоко верующим человеком, Мендельсон доказывал, что в еврейской религии нет противоречия между разумом и верой. Он обосновал возможность участия евреев в общечеловеческой культуре без утраты ими национально-религиозной индивидуальности. Своим личным примером философ показал евреям, что эмансипация — это не ассимиляция, что можно быть просвещенным европейцем и оставаться истинным евреем, что можно работать и дружить с христианами и, вместе с тем, регулярно посещать синагогу.

Эпоха эмансипации евреев, начатая Моисеем Мендельсоном, дала в XIX веке многочисленные и противоречивые всходы. Многие эмансипированные евреи, вопреки стараниям Мендельсона, пошли по пути ассимиляции, а некоторые перешли в христианство... Одни, став подобно Мендельсону просвещенными европейцами, сумели, вместе с тем, сохранить религию и духовное наследие предков, другие же, на пенистой волне эмансипации, порвали с еврейством, а кое-кто примкнул и к антисемитам...

Тем не менее XIX век выдвинул плеяду выдающихся еврейских мыслителей, социологов, политических деятелей и лидеров социальных движений, начиная с крупнейшего политика столетия *Бенджамина Дизраэли*[115] — премьер-министра Великобритании, и кончая великим пророком нового времени, основателем политического сионизма *Теодором Герцлем*. В этой плеяде мы находим основоположника марксизма *Карла Маркса*, создателя первой научной теории еврейства и еврейской религиозной культуры *Леопольда Цунца*, выдающегося историка и социолога *Генриха Греца* — автора монументальной 11-томной истории евреев, блестящего политического деятеля Франции *Исаака Кремье*, германского промышленника и политика *Вальтера Ратенау*, известных пионеров и теоретиков сионизма *Цви Калимшера, Авраама Кука, Моисея Гесса, Переца Смоленскина, Льва Пинскера, Ахад-Гаама* и *Макса Нордау*, знаменитого философа и лидера социалистического движения *Фердинанда Лассаля* и многих других...

Если в XIX веке еврейские мыслители появлялись подобно ярким, но сравнительно редким кометам на небесном своде,

Зигмунд Фрейд
(1856–1939)

заполненном, в основном, нееврейскими звездами, то в следующем столетии они, пожалуй, уже доминировали в мировой философии. В XX веке пять еврейских философов формировали ядро этой области человеческой культуры: *Зигмунд Фрейд, Анри Бергсон, Мартин Бубер, Людвиг Витгенштейн и Карл Поппер*.

Этот короткий, но гигантски весомый список открывается и закрывается именами крупнейших мыслителей XX века — Зигмунда Фрейда (1856–1939) и Карла По́ппера (1902–1994).

Любопытно, что Поппер считал теорию Фрейда антинаучной — едва ли не шарлатанством. В этом отношении он как бы примыкал к советской марксистско-ленинской «философии», запрещавшей даже упоминание фрейдовской теории. Тем не менее открытия Фрейда и его воззрения на природу человеческой психики были столь новаторскими для его времени, что не прекращали вызывать резонанс в научном сообществе на протяжении всего XX столетия. Интерес к теории и трудам Фрейда не угасает и в наши дни.

Зигмунд Фрейд родился в Моравии, в семье евреев из Германии, учился и работал в Вене, а на склоне жизни был вынужден бежать от преследований нацистов в Англию, где и скончался от добровольно принятой смертельной дозы морфия. Начав с чисто медицинских исследований, Фрейд пришел к теории психоанализа, которая оказала огромное, не сопоставимое ни с одной другой теорией (может быть, за исключением марксизма) влияние на науку и культуру человечества — на психологию, медицину, антропологию, философию, социологию, литературу и искусство XX века. Зигмунд Фрейд интересовался также еврейской религиозной философией и историей, равно как и современным положением евреев. Он написал знаменитую книгу «Моисей и монотеизм», отличающуюся новаторским подходом к трактовке жизни, деятельности и облика великого пророка, участвовал в качестве соучредителя в создании Еврейского университета в Иерусалиме. Ученый опубликовал огромное количество научных работ — полное собрание его сочинений включает более двадцати томов, но еще более масштабной была и остается литература о самом Зигмунде Фрейде — вероятно, ни об одном другом ученом в мире не публикуется до сих пор столько художественно-биографических книг и научных исследований. Список книг Фрейда и о Фрейде, изданных в наше время на русском языке просто поражает воображение.[116]

Карл Поппер
(1902–1994)

Карл По́ппер был, в определенном смысле, антиподом Зигмунда Фрейда — естественному иррационализму фрейдовского психоанализа он противопоставлял разработанную им концепцию критического рационализма в науке. Поппер родился в Вене в семье евреев, принявших лютеранство. В молодости увлекался проблемами современной науки, в частности, психоанализом Фрейда, экономической теорией Маркса и теорией относительности Эйнштейна, в 26 лет защитил докторскую диссертацию по философии. К середине 1930-х годов Поппер был уже довольно известным в Европе ученым, но в 1937 году, опасаясь преследований фашистов за еврейское происхождение, вынужден был вместе с семьей эмигрировать в Новую Зеландию. После Второй мировой войны Карл Поппер переезжает в Лондон и получает сразу две должности: профессора логики и декана философского факультета в знаменитой Лондонской школе экономики и политических наук. Карл Поппер считается крупнейшим философом второй половины XX века. Его наиболее известные труды и открытия лежат в сфере философии науки и научного творчества, а также в области социологии и развития современных демократии и либерализма.

Мартин Бубер
(1878–1965)

Из пяти упомянутых выше знаменитых еврейских философов XX века Мартин Бубер был в наибольшей степени, всей душой и сердцем, вовлечен в еврейскую жизнь, сионистское движение и создание государства Израиль.

Мартин Бубер (1878–1965) родился в Вене, но детство провел во Львове у своего деда — специалиста по средневековой раввинистической литературе. Мартин получил образование в университетах Вены, Лейпцига, Цюриха и Берлина. В 20-летнем возрасте он увлекся сионизмом, был делегатом 3-го Сионистского конгресса в 1899 году, а вскоре был назначен редактором центрального органа сионистского движения — еженедельника «Ди Вельт». Бубер был одним из отцов-основателей Еврейского университета в Иерусалиме. С 1925 по 1933 год он читал лекции по еврейской религии и этике во Франкфуртском университете. В эти годы Мартин Бубер публикует свои первые философские работы и занимается грандиозным проектом нового перевода Библии на немецкий язык. После прихода к власти нацистов он был вынужден оставить преподавание во Франкфурте и переселился в Иерусалим, где получил должность профессора социальной философии в Еврейском университете, созданном за 15 лет до того по его инициативе.

В творчестве Мартина Бубера можно выделить три основных направления: экзистенциальная философия диалога («Я и Ты»), философия хасидизма («Гог и Магог», «Свет сокровенный», «Сад хасидизма» и «Хасидские легенды») и религиозно-философские исследования («Учение пророков», «Моисей», «Два образа веры»). Книги Мартина Бубера многие годы были фактически запрещены в СССР так же, как они были запрещены в нацистской Германии. В начале 1970-х годов на волне еврейской эмиграции некоторые работы Бубера были переведены на русский язык в самиздате и обращались среди читателей в машинописных копиях. После образования Государства Израиль Мартин Бубер стал первым президентом Израильской Академии наук, выступал с многочисленными лекциями в Европе и США — он приобрел всемирную славу как один из духовных лидеров своего поколения, оказавший значительное влияние на мировую философию и культуру в целом.

Людвиг Витгенштейн (1889–1951)

В отличие от Мартина Бубера, *Людвиг Витгенштейн* (1889–1951) был абсолютно ассимилированным евреем из протестантских кругов высшего венского общества. Людвиг родился в Вене в одной из богатейших семей Австро-Венгерской империи — семье сталелитейного магната Карла Витгенштейна, который перешел в протестантизм еще в 1850-е годы. Естественно, в семье уже не было ничего еврейского кроме генов таланта, жажды знаний и стремления к новаторству и в жизни, и в работе. Интересно, что брат философа Пауль Витгенштейн, потерявший руку на войне, прославился виртуозной игрой на фортепиано одной левой рукой — его необычайной жизни и феноменальному таланту посвящались романы.[117]

Жизнь Людвига Витгенштейна сложилась яркой, насыщенной приключениями и творчеством. Существует легенда, что Людвиг учился в одном классе с Гитлером — может быть, именно поэтому он избежал нацистских преследований, уехав из Австрии в Англию еще до прихода своего одноклассника к власти. В молодости Витгенштейн увлекался конструированием летательных аппаратов, музыкой, скульптурой и архитектурой, был духовно близок кругу венского литературного авангарда. Перед началом Первой мировой войны он учился в Кембридже у Бертрана Рассела, где впервые серьезно столкнулся с проблемами философии. В 1914 году будущий выдающийся философ вступил добровольцем в австрийскую армию и пошел на фронт. Осенью 1918-го года Витгенштейн попал в плен к итальянцам — по-видимому, именно в лагере для военнопленных он завершил работу над своим знаменитым «Логико-философским трактатом». (Можно лишь подивиться тем патриархальным порядкам в итальянском лагере для военнопленных тех времен, где было сподручно писать философские трактаты.) Эта книга вышла на немецком в 1921 году и на английском в 1922 году и сразу же стала бестселлером в философских кругах Европы. Впрочем, сам Витгенштейн не испытывал эйфории от неожиданного успеха своей книги — после войны он в течение десяти лет не занимался философией, был учителем в провинциальной школе, работал помощником садовника в монастыре. В 1929 году Людвиг Витгенштейн неожиданно для всех возвратился в Кембридж и вновь занялся философией — через десять лет он получил кафедру философии в Кембриджском университете, которую возглавлял почти до конца жизни. В Кембридже ученый написал ныне широко известные в философских кругах книги: «Философские исследования», «Замечания по основаниям математики» и ряд других — все эти работы были опубликованы уже после смерти автора. Людвиг Витгенштейн, создавший философию языка на основе математической логики, считается одним из самых ярких мыслителей XX века.

Еще одним крупнейшим еврейским философом XX века был Анри Бергсон. Он оказался последним в этом разделе наших размышлений о еврейской культуре отнюдь не потому, что уступает другим мыслителям из списка пяти величайших философов столетия, а по той простой причине, что является единственным из них, не имевшим венских корней. Мартин Бубер, Людвиг Витгенштейн и Карл Поппер родились, учились и работали в Вене, а Зигмунд Фрейд получил в этом городе образование и создал теорию психоанализа. Как получилось, что четверо из пяти названных нами крупнейших философов XX века вышли из еврейской венской среды? Можно было бы, конечно, отнести это на счет слепого случая, но, скорее всего, здесь все же сыграла роль необыкновенная интеллектуальная мощь сообщества австро-венгерских евреев того времени. Недаром именно тогда, на рубеже XIX–XX веков, благодаря таланту Густава Малера венское музыкальное искусство достигло невиданного со времен Бетховена взлета. В те же времена зарождалась венгерская школа гениальных физиков, создавших впоследствии и атомное, и водородное оружие. И тогда же набирала силу венская философская школа, давшая вскоре плодоносные всходы в лице нашей великолепной четверки выдающихся мыслителей столетия. Спрашивают — какое отношение имеют к еврейской культуре крещеные евреи Людвиг Витгенштейн и Карл Поппер и не столь уж близкий к еврейским проблемам Зигмунд Фрейд? Ответ на это дали австрийские нацисты — вся наша великолепная четверка венских гениев бежала из родной страны в страхе за свою жизнь и жизнь своих близких. Ничто — ни крещение, ни мировое научное признание, ни безграничная преданность своей австрийской родине — не могло спасти их от клейма еврейства.

Замечательный польский поэт Юлиан Тувим говорил про себя, что он еврей не по крови, которая течет в жилах, а по крови, которая течет из жил. Мартин Бубер, Людвиг Витгенштейн, Карл Поппер и Зигмунд Фрейд не сомневались, что при власти нацистов еврейская кровь, текущая в их жилах, потечет из жил. Австрийские нацисты ничуть не уступали в юдофобском зверстве своим германским коллегам — все евреи, не сумевшие покинуть Австрию, были тотально уничтожены. Разница только вот в чем — немцы признали свою вину за геноцид евреев, а австрийцы — нет. В Австрии, наряду с официальным осуждением и запретом нацизма и антисемитизма, витает некий легковесный дух «забывчивости»: мол, да, был такой любопытный народ — австрийские евреи, чудаки эдакие, но нехорошие наци из Германии куда-то увезли их и, как рассказывают, убили, но мы — австрийцы — тут ни при чем. Австрия и Венгрия избавились от своих евреев, но полного счастья все нет и нет, ибо где же они — великие венские музыканты и философы, гениальные венгерские композиторы, математики и физики? Их нет, они ушли в небеса с дымом крематориев Освенцима, и, позвольте предсказать,— их больше на этой австро-венгерской земле никогда не будет — «La commedia è finita!» Испанский публицист Се-

Анри Бергсон (1859–1941)

бастьян Вилар Родригес сказал об этом жестко и определенно: «В Освенциме мы сожгли свою культуру, мышление, творческий потенциал, талант». Гениальный философ и писатель, Нобелевский лауреат Анри Бергсон избежал Освенцима, он умер в своей постели в Париже, но, тем не менее, эта была возвышенная и трагическая еврейская судьба.

Анри Бергсóн (1859–1941) родился и прожил всю жизнь в Париже. Он вел свой род от польских евреев по линии отца и от англо-ирландских евреев по линии матери — эта смесь восточноевропейского и западноевропейского еврейства дала блестящий результат. Анри получил традиционное еврейское религиозное воспитание, а затем учился в лицее Кондорсе. В 1889 году Бергсон защитил докторскую диссертацию по философии, затем был профессором Коллеж де Франс, с 1914 года — членом Французской Академии, с 1922 года — президентом Международного комитета по интеллектуальному сотрудничеству Лиги Наций. По своим взглядам Анри Бергсон примыкал к философии интуитивизма и спиритуализма, испытал сильное влияние фрейдовского психоанализа, но, в конце концов, разработал свою собственную философскую теорию, получившую наименование «бергсонианство» — эта теория считается «одной из наиболее модных и рафинированных философских систем XX века». Некоторое представление о широте бергсонианства дают названия работ философа: «Материя и память» (1896), «Смех» (1900), «Введение в метафизику» (1903), «Творческая эволюция» (1907), «Сновидения» (1914), «По поводу теории относительности Эйнштейна» (1922), «Два источника морали и религии» (1932). В 1927 году Анри Бергсон был удостоен Нобелевской премии по литературе «в признание его богатых и оживляющих идей, и превосходного мастерства, с которым они были представлены».

Бергсон умер от пневмонии в оккупированном нацистами Париже 3 января 1941 года. Смертельная болезнь была подхвачена ученым во время стояния на холоде в течение нескольких часов, в очереди для регистрации в качестве еврея. Рассказывают, что Бергсону было предложено «не значиться евреем», но он не принял этого «дара», пошел на регистрацию, как того требовали оккупационные власти от всех евреев, простудился и умер!

Какой страшный и выразительный символ преступлений XX века против человека и человечества — великий философ, патриарх европейского интеллектуализма, лауреат Нобелевской премии по литературе стоит в очереди, чтобы отметиться, что он еврей!

Это вам ничего не напоминает из века XXI-го?

Потомки великих пророков — тех, кто зажег в Иерусалиме библейский свет для всего человечества, кто дал людям Земли веру и нравственность, потомки тех великих пророков вынуждены доказывать ныне международному антисемитскому альянсу свое право на жизнь в своем святом Иерусалиме.

Невежественные студенты американских университетов под диктовку своих левосдвинутых пофессоров пытаются учить еврейский народ гуманизму и человечности.

Европейские квазилиберальные политики, задвинув на задворки памяти кровавые преступления своих не столь отдаленных предков, читают евреям лекции по этике и морали.

Бывшие российские кагэбэшники — изобретатели и спонсоры современного терроризма — глубокомысленно поучают евреев, как обустроить мир на Ближнем Востоке.

Мусульманские фанатики, застрявшие в средневековье, при соучастии продажных ооновских чиновников решают, жить ли евреям на своей Родине и... жить ли им вообще.

O tempora! O mores!

Почему миллионы людей, не имеющих между собой ничего общего,— от мусульманских клерикалов в глубинах Азии и Африки до редакторов либеральных газет в столицах Европы, от псевдогуманистов Америки до псевдопатриотов России —

вовлечены в отвратительную антисемитскую деятельность под фиговым листком антисионизма?

Альберт Эйнштейн дал краткий, но исчерпывающий ответ[118] на этот вопрос — потому что именно «мы дали миру идеалы гармоничного сотрудничества и усилиями лучших сынов нашего народа воплотили их в слово и дело».

Эти идеалы и есть самое большое и важное в еврейской культуре!

Именно они, несмотря на перманентное отторжение отдельных ветвей еврейства, поддерживают незыблемым его основной ствол — ось всемирной истории.

БЛИЗЯТСЯ ВРЕМЕНА И СРОКИ

> Близятся времена и сроки. На историческом небе загорелась новая идея — наряду с другими священными именами история произнесла и святое имя Сиона.
>
> ***Сергей Булгаков, русский религиозный философ***

> Разрешите мне еще раз повторить: те евреи, которые хотят иметь свое государство, будут его иметь.
>
> ***Теодор Герцль, еврейский пророк***

Близятся времена и сроки еще одного, нового и удивительного взлета творческих способностей нации.

Мощный поток интеллекта, пробившийся сквозь стены еврейского гетто еще в XIX веке, до сих пор не иссякает — не бывает года, чтобы по крайней мере один еврей не получил Нобелевскую премию в области науки или литературы. Как говорил Пол Джонсон, «реквизит в пьесе современного мира» продолжает пополняться инновациями с «клеймом еврейского авторства». Однако возникшая на горизонте новая интеллектуальная волна идет не из Америки и не из Европы — она зарождается, формируется и наполняется силой в Израиле.

«В Стране Израиля возник еврейский народ. Здесь сложился его духовный, религиозный и политический облик. Здесь он жил в своем суверенном государстве, здесь создавал ценности национальной и общечеловеческой культуры и завещал миру нетленную Книгу Книг».

Так записано в исторической Декларации независимости Государства Израиль от 14 мая 1948 года. Здесь, добавим мы, в Стране Израиля, в наши времена формируется мощный сгусток интеллекта, который вот-вот разрядится импульсом знаний и открытий — новым вкладом в общечеловеческую культуру.

Человеку, со стороны наблюдающему современный Израиль,— страну самого производительного в мире земледелия, с наукой и технологией на уровне американской Силиконовой долины, с одной из лучших в мире медициной и европейского уровня университетами,— почти невозможно представить, с чего начиналось это великое дерзание XX века.

Многим туристам, прибывающим в Израиль со всего мира, вероятно, представляется, что прекрасные отели, в которые их поселили, и современные автострады, по которым их возят на экскурсии, существовали здесь всегда, а некоторые к тому же полагают, что все это великолепие было насильственно отторгнуто у трудолюбивых арабов еврейскими оккупантами. Подобная ложь, произрастающая на почве невежества или неведения, хорошо служит целям антисемитской и антисионистской пропаганды — не более того. Дремучему невежеству и злонамеренному неведению противостоит простая и общедоступная правда о том, как еврейские первопроходцы возрождали эту пустую, дотла разоренную и загаженную землю Палестины.

> *«Они жили в каменистой пустыне или среди малярийных болот, в пещерах и жалких лачугах, беззащитные перед незнакомым, суровым климатом. Они умирали от истощения и болезней, особенно свирепствовала малярия. Они не имели достаточного земледельческого опыта, не знали, что для осушения болот следует насаждать эвкалипты, да если бы и знали, у них на это не было средств. Не имея ни лошадей, ни быков, ни сельскохозяйственных орудий, они обрабатывали землю голыми руками — это был добровольный каторжный труд людей, захваченных идеей сионизма».*

Правда состоит в том, что во времена сионистских первопроходцев только сильное национальное или религиозное чувство могло привлечь европейских евреев в далекую, труднодоступную Палестину, пребывавшую в состоянии глубочайшей деградации. Полный упадок земледелия и вообще какой-либо экономически осмысленной деятельности был следствием многовекового бездарного и жестокого правления турецких султанов, преступной и бессмысленной конкуренции за эту землю бесконечной череды мусульманских и христианских захватчиков, ничего и никогда не делавших для ее возрождения. Даже самых бедных европейских евреев Палестина поражала и ужасала своей немыслимой нищетой.

В апреле 2010-го года мне довелось в очередной раз посетить Израиль. Вечером последнего дня визита мы ехали в машине моего друга и коллеги еще по Санкт-Петербургу из Беер-Шевы в аэропорт Бен-Гуриона. Великолепное современное шоссе пролегало среди цветущих полей весеннего Негева. Уже устав удивляться израильскому чуду, я, тем не менее, вновь и вновь прокручивал в голове только что увиденное в Беер-Шеве — и комфортабельные современные дома моих друзей, и лаборатории университета, и госпиталь, и филармонию и... колодец Авраама. В этом городе я побывал уже в четвертый раз за двадцать лет, гостил здесь по приглашениям ректора университета и декана электротехнического факультета, можно сказать — стал свидетелем возрождения этого Библейского города. Слово «чудо», которым нарекают сейчас едва ли не всё, выходящее за рамки серой обыденности, ничуть не отражает случившегося здесь, ибо за полстолетия евреи совершили нечто неслыханное и беспрецедентное — в жутчайших климатических, экономических и внешнеполитических условиях построили в пустыне современный комфортабельный город, центр науки и культуры. Построили там, где не было ни воды, ни растительности, а только лишь горячий ветер хамсин, поднимавший тучи песка и пыли над раскаленной пустой землей, по которой странствовали редкие обитатели на верблюдах. Создали мирового уровня Университет имени Давида Бен-Гуриона, лидирующий ныне в целом ряде научных направлений в кибернетике, микроэлектронике, радио- и электротехнике, геологии, биологии и медицине, построили один из крупнейших на Ближнем Востоке лечебно-исследовательский медицинский центр, где делают операции, пока еще недоступные в других местах на планете… Я ехал по пустыне Негев и думал, что всевозможные баронессы[119] из руководства Европейского союза или, скажем, шведские левые «интеллигенты», призывающие к бойкоту Израиля, вероятно, в принципе не в состоянии понять того, что свершили здесь евреи,— ведь они, шведы, строили свое уютное шведское гнездышко на протяжении двух столетий в изумительно благоприятных политических, экономических и природных условиях, а главное — без войн, без внешних угроз и без смертельных врагов вблизи от твоего дома…

Эта поездка в Израиль как-то особенно выпукло представила великое деяние сионизма, возродившего эту веками запущенную и загаженную захватчиками землю, как-то особенно резко высветила неприглядное, гнусное и подловатое отношение мира к этому подвигу народа, вышедшего из огня Холокоста… У меня в этот раз была возможность обстоятельно поговорить с изрильтянами — презентация моих книг «The Axis of World History» и «Ось всемирной истории» состоялась в кибуце Кфар Блюм в Верхней Галилее и в Городской русской библиотеке Иерусалима…

Впервые я попал в Кфар Блюм в ноябре 1990-го и с тех пор теплое чувство к этому месту и искренняя симпатия к его людям не оставляют меня. Кибуц расположен на самом севере Израиля, в долине Хула на берегу Иордана в изумительно красивой местности — дома кибуцников живописно разбросаны вдоль Иордана среди плодовых садов, а за Иорданом видны отроги Голанских высот. Поселение было основано беженцами из Прибалтики и молодыми сионистами из США, Англии и Канады в 1943 году, в разгар Второй мировой войны. Оно было названо именем премьер-министра Франции, социалиста Леона Блюма, пребывавшего в то время во французской фашистской тюрьме. Когда еврейские первопроходцы пришли на эту землю, здесь не было ни одного дома, ни одной дороги и ни одного дерева, а вся долина представляла собой сплошное болото. Мне удалось неспешно поговорить с немолодой, но удивительно бодрой женщиной по имени Ита — членом кибуца с 1948 года. Ита девочкой бежала из Латвии в Польшу, а затем в Израиль, она имеет трех внуков и трех правнуков, свободно говорит на иврите, английском и русском языках. Ита прошла с кибуцем весь долгий и трудный путь: осушение гиблых малярийных болот, работа под постоянными обстрелами арабов, строительство бомбоубежищ — это в первую очередь, а затем домов и помещений для скота, обустройство хлопковых плантаций, посадка знаменитых кфарблюмских яблоневых садов… Дети учились в бомбоубежищах до Шестидневной войны 1967 года, а совсем тихо здесь стало только после Ливанской кампании 1982 года.

Мы, тем временем, приближались к международному аэропорту Бен-Гуриона, вокруг густела сеть современных автострад и живописных дорожных развязок. Мой друг — профессор Технологического института в Холоне, сидя за рулем машины, рассказывал удивительную, похожую на легенду, историю из жизни Израиля первых лет после Войны за независимость. В те времена многие страны Латинской Америки симпатизировали молодому государству и старались помочь ему. И вот — руководитель одной из этих стран говорит Бен-Гуриону: «Мы хотим поддержать израильскую экономику и готовы покупать любой ваш товар — даже себе в убыток. Что бы вы могли предложить?» Премьер-министр Израиля тяжело вздохнул и ответил: «К сожалению, в настоящее время наш экспортный потенциал ограничен двумя вещами — апельсинами и вязаными кипами». Возможно, эта история содержит, как и положено легенде, некоторое преувеличение, но по сути дела она несомненно отражает начальный отсчет израильской экономики.

В наши дни Израиль экспортирует: программное обеспечение и микропроцессоры для информационных систем, терминалов мобильной связи и компьютеров, электронику, радиотехнические системы, аппаратуру управления и связи, оптические приборы, радиоэлектронные комплексы навигации и радиолокации, новейшее ракетное, авиационное, бронетанковое и стрелковое вооружение, медицинские приборы и оборудование, лекарства, косметику, обработанные алмазы и ювелирные изделия, мебель, одежду, овощи, фрукты, цветы, черную осетровую икру, технологии оросительных и опреснительных систем и многое, многое другое. Израиль создал собственную атомную, ракетно-космическую, авиационную, танковую, военно-морскую, химическую, энергетическую, медико-фармацевтическую и радиоэлектронную промышленность. Он производит лучшие в мире беспилотные самолеты, не имеющие аналогов противоракетные системы, танки — одни из лучших в мире, уникальное стрелковое оружие, искусственные спутники Земли для связи и разведки, лазерное и оптико-волоконное оборудование, самые эффективные в мире ирригационные ситемы и лучшие в мире установки для производства и очистки воды, непревзойденное медицинское оборудование... Именно в Израиле разработана технология передачи речи через Интернет, которой пользуются повсюду в мире. Израиль первым вышел на мировой рынок с радиоэлектронной таблеткой, позволяющей передавать изображения из желудочно-кишечного тракта человека непосредственно на монитор врача — прорыв в ранней диагностике раковых заболеваний. Многие новаторские израильские открытия и изобретения в области медицины и медицинской техники поражают воображение. Судя по всему, израильские ученые ближе всех подошли к разрешению проблем раковых заболеваний...

В аэропорту Бен-Гуриона в ожидании посадки в самолет Тель-Авив — Нью-Йорк, я смотрел на огромное световое табло с медленно перескакивающими снизу вверх названиями городов, куда можно полететь из Израиля прямым рейсом:

> Франкфурт, Амстердам, Цюрих, Рим, Гераклион, Стамбул, Москва, Вена, Варшава, Киев, Мюнхен, Прага, Мадрид, Неаполь, Верона, Афины, Любляна, Ларнака, Родос, Лондон, Париж, Самара, Ньюарк, Амман, Торонто, Рига, Мюнхен, Санкт-Петербург, Берлин, Марсель, Будапешт, Нью-Йорк, Ницца, Гонконг, Пекин, Сеул, Анталия, Бангкок, Эйлат, Кишинев, Филадельфия, Тбилиси, Бургас, Бухарест, Адис-Абеба, Лос-Анджелес, Брюссель, Кельн, Баку и т. д.

Теодор Герцль — рассуждал я — даже с его пророческим даром, не мог бы вообразить свою мечту в ее подлинном вопло-

Теодор Герцль
(1860–1904)

щении. Подобно Моисею, остановленному Господом на пороге Земли Обетованной, куда он привел свой народ из Египетского плена, Герцль не увидел Еврейского государства, которое он предсказал и в которое упорно вел свой народ. Если бы он дожил до провозглашения Государства Израиль, ему было бы всего лишь 88 лет — возраст по нынешним временам вполне доступный. Но Герцль умер ровно посередине этого срока — в 44 года.

В 1898 году Теодор Герцль впервые приехал в Палестину[120] — она поразила его грязью, нищетой, отсутствием элементарных признаков цивилизации. На дорогах лежал густой слой пыли, в домах рабочих — деревянные нары вместо кроватей. В Яффо, где он поначалу остановился,[121] всё — от жары и вони в убогих гостиницах до мусора и нечистот на улицах — приводило его в замешательство. Сельская местность со скудной растительностью выглядела уныло и безлюдно. Даже Иерусалим с его великолепным ландшафтом ужаснул Теодора убожеством жизни и затхлостью узких улочек, а больница — нищетой и антисанитарией.

Тем не менее неукротимая, нечеловеческая воля этого пророка, магнетическая сила его мрачного, сверкающего взора, не оставлявшего сомнений в том, что как он сказал, так и будет, вынуждала окружающих верить в великое будущее этих гиблых мест.

Что бы я лично рассказал о современном еврейском государстве великому пророку, если бы Провидение предоставило мне пару минут такой фантастической возможности? — задал я самому себе вопрос. В голове промелькнуло несколько возможных ответов, но очевидным показался только один — чтобы не отвлекать пророка от сути дела суетностью слов, я бы молча показал ему это табло международного аэропорта Бен-Гуриона, которое вижу перед собой…

Израильские ученые, лауреаты Нобелевских премий

Авраам Гершко

Аарон Чехановер

Ада Йонат

Даниэль Шехтман

Исраэль Ауманн

Даниэль Канеман

Близятся времена и сроки!

Израиль — на старте нового и удивительного взлета творческих способностей нации. Прошло всего несколько десятилетий после возрождения Израиля, евреи только-только отстояли свою независимость в жестоких войнах с окружившими его со всех сторон врагами, а в списке Нобелевских лауреатов уже появились семь израильтян. Семь Нобелевских лауреатов дала страна, начавшая все с нуля, страна, которая не имела ни одного по настоящему мирного дня: Нобелевская премия по литературе — *Шмуэль Агнон* (1966); Нобелевские премии по химии — *Авраам Гершко* (2004), биохимик, Технион, Хайфа; *Аарон Чехановер* (2004), биохимик, Технион, Хайфа; *Ада*

Йонат (2009), кристаллограф, Институт Вейцмана, Реховот; *Даниэль Шехтман* (2011), физик, Технион, Хайфа; Нобелевские премии по экономике — *Даниэль Канеман* (2002), психолог, Еврейский университет, Иерусалим; *Исраэль Роберт Ауманн* (2005), математик, Еврейский университет, Иерусалим. Сегодня в Израиле живут шесть Нобелевских лауреатов — лишь несколько стран во всем мире имеют больше.

Среди многих достижений израильской культуры мы подчас упускаем из виду самое, пожалуй, удивительное и даже невероятное — возрождение древнееврейского языка, превращение языка библейских пророков в современный разговорный язык миллионов людей, в язык современной науки и искусства. Возрождение это особенно поразительно, если учесть, что оно началось всего-то чуть больше столетия тому назад. Отцом современного иврита считается Элиэзер Бен-Йехуда из хасидской семьи, жившей в еврейском местечке под Вильно,— именно он, пионер и первопроходец возрождения иврита, первым сказал: «Еврей, говори на иврите!»

Элиэ́зер Бен-Йехуда́ (Ле́йзер-И́цхок Перельман) родился в 1858 году в Российской империи и скончался в 1922 году в Иерусалиме. В 1881 году, с первой большой алией из России, Элиэзер уехал в Палестину. В его семье говорили только на иврите, а сын ученого Итамар Бен-Ави стал первым носителем иврита как родного языка спустя более двух тысяч лет после прекращения его разговорной функции. В 1890 году Бен-Йехуда основал «Комитет языка иврит», председателем которого он оставался до самой смерти. В 1910 году он начал публикацию «Полного словаря древнего и современного иврита». В 1922 году по настоянию Элиэзера Бен-Йехуды иврит был утвержден в качестве одного из официальных языков подмандатной Палестины.

Элиэзер Бен-Йехуда (1858–1922)

С конца XIX века вместе с восставшим из пепла, словно сказочная птица Феникс, ивритом возродилась еврейская поэзия и проза на библейском языке.[122] Со времен классика еврейской литературы на иврите, поэта Хаима Бялика (1873–1934)[123], до наших дней протянулась цепочка выдающихся израильских поэтов, писателей и публицистов[124]:

Хаим Бялик, Ахад Гаам, Зеэв Жаботинский, Саул Черниховский, Шмуэль Агнон, Ури Цви Гринберг, Авраам Шлёнский, Самех Изхар, Моше Шамир, Хаим Гури, Авраам Иегошуа, Амос Оз, Ицхак Шалев, Меир Шалев, Давид Гроссман, Этгар Керет и многие другие...

Ахад Гаам (1856–1927)

Хаим Бялик (1873–1934)

Зеев Жаботинский (1880–1940)

Хаим Вейцман (1874–1952)

Бронислав Губерман (1882–1947)

Давид Бен-Гурион (1886–1973)

Триумфом возрожденной еврейской литературы на иврите стало присуждение израильскому писателю Шмуэлю Агнону Нобелевской премии по литературе — первой Нобелевской награды за произведения на библейском языке.

Шмуэль Агнон (1887–1970) родился в Галиции в хасидской семье. В детстве он получил начальное образование в хедере и основательно изучил Талмуд под руководством своего отца и местного раввина. С юных лет Агнон стал активным сионистом и в возрасте 21 года уехал в Иерусалим. В 1909 году в Иерусалиме Шмуэль опубликовал повесть «Покинутые жены» на иврите, от названия которой пошел его литературный псевдоним — «Агнон» в переводе с иврита означает «брошенный». С 1912 по 1924 годы Агнон живет и работает в Берлине. В эти годы он завершает свое образование, читает лекции по еврейской литературе, даёт частные уроки иврита, редактирует антологию еврейской литературы, занимается собственным литературным творчеством. Большое влияние на формирование писательского таланта Шмуэля Агнона оказала его совместная работа с выдающимся еврейским мыслителем Мартином Бубером по собиранию и обработке хасидских преданий и притч. В 1924 году Агнон возвращается в Палестину, которая к тому времени стала подмандатной территорией Великобритании. С 1927 года и до конца жизни писатель жил в иерусалимском районе Тальпийот. Шмуэль Агнон стал в Израиле символом возрождения еврейской литературы на иврите, национальной гордостью израильтян — когда в районе его дома начались строительные работы, мэр Иерусалима приказал установить специальный знак: «Соблюдайте тишину! Агнон работает».

Шмуэль Агнон приобрел мировую известность после Второй мировой войны, когда его произведения начали публиковать на английском языке. Наиболее значимыми считаются его романы «Свадебный балдахин» (1931) и «Ночной гость» (1937). В 1950-е годы вышло в свет Полное собрание сочинений Агнона в восьми томах.[125] Труд писателя был отмечен многими престижными литературными наградами Израиля, он был удостоен почётных степеней Еврейского университета в Иерусалиме и Колумбийского университета в Нью-Йорке.

Шмуэль Агнон
(1888–1970)

В 1966 году Шмуэль Агнон стал лауреатом Нобелевской премии по литературе «за глубоко оригинальное искусство повествования, навеянное еврейскими народными мотивами». В своей речи при вручении премии он подчеркнул влияние Талмуда и других религиозных еврейских книг на его творчество.

Театральное, песенно-эстрадное и кинематографическое искусства Израиля развивались синхронно с преобразованием библейского языка в язык повседневного общения, в язык современной науки и литературы. Сейчас израильские достижения в этих областях хорошо известны — подобно израильскому хай-теку в технологии, они выходят на ведущие позиции в мировом искусстве.

Корни израильского театра на иврите уходят в русскую художественную школу Станиславского начала XX века. В 1917 году преподаватель иврита Наум Цемах вместе с актерами Менахемом Гнесиным и Ханой Ровиной обращается к Константину Сергеевичу Станиславскому с просьбой поддержать создание еврейского театра на языке иврит. Станиславский не только поддерживает эту идею, но и, во-первых, предоставляет театру студию в здании МХАТа, и, во-вторых, назначает художественным руководителем студии своего ученика Евгения Вахтангова — так начиналась история Национального государственного театра Израиля «Габима». Создание «Габимы» было, на самом деле, вершиной долгого и нелегкого пути еврейского театра в России.[126] Вероятно, важнейшей исторической вехой в истории «Габимы» была постановка в 1922 году знаменитой пьесы Семена Ан-ского «Дибук» с блестящим составом создателей: режиссер — Евгений Вахтангов, художник — Натан Альтман, композитор — Юлий Энгель, в главной роли — Хана Ровина. Габимовский «Дибук» на библейском языке в режиссерской постановке Вахтангова стал мировой театральной сенсацией XX века, он продержался на сцене более 40 лет — сначала в Москве, потом в многочисленных гастролях по Европе и США, с 1936 года — в подмандатной Палестине, а с 1948-го — еще почти 20 лет в Израиле. После Вахтангова с «Габимой» работали выдающиеся российские режиссеры Алексей Дикий и Михаил Чехов, а в близкие времена — Юрий Любимов. С театром тесно сотрудничал друг Франца Кафки, знаменитый еврейский писатель Макс Брод. В конце 1930-х годов после триумфальных гастролей в Европе и США труппа «Габимы» решает не возвращаться в СССР, где иврит стал запрещенным, «сионистским» языком, и переезжает в Эрец-Исраэль. Любопытно, что Евгений Вахтангов еще в 1919 году предсказывал это:

> *«Студия совершенно определенно уедет в Палестину при первой возможности… Габима не мыслит своей деятельности иначе как в полном единении со своим народом на его исторической родине, но вместе с тем не желает порывать связи с корнями, ее породившими, Московским Художественным театром».*

Не менее выразительна история прославленного Израильского филармонического оркестра. Оркестр был основан в 1936 году (в том же году, когда театр «Габима» переехал в Палестину) по инициативе скрипача-виртуоза Бронислава Губермана,[127] а первым концертом в Тель-Авиве 26 декабря 1936 года дирижировал великий Артуро Тосканини. 14 мая 1948 года оркестр исполнил Гимн Израиля «Атикву» на церемонии провозглашения Декларации независимости Израиля. В 1950-м году состоялись первые гастроли оркестра в США, позднее — триумфальные гастроли в странах Европы. С начала 1950-х годов оркестр осуществляет записи мировой музыкальной классики, первой значительной записью были симфонии Густава Малера. С Израильским филармоническим оркестром работали выдающиеся дирижеры современности — Исай Добровейн, Леонард Бернстайн, Сергей Кусевицкий, Излер Соломон, Зубин Мета, с ним выступали многие великие пианисты и скрипачи, в том числе Артур Рубинштейн и Ицхах Перлман…

С израильскими песнями я впервые познакомился где-то в конце 1960-х годов. Однажды во время туристского похода на байдарках, в псковской глуши, у костра на берегу лесной речки Уща мой друг Алик Слоним запел под гитару песню Наоми Шемер «Ерушалаим шель зогав» («Иерусалим мой золотой»). Пламя костра, темный лес в его отблесках вокруг небольшой поляны на берегу тихой речки и… божественная мелодия песни о далеком и неведомом Иерусалиме… Я был воистину ошеломлен — прежде, пожалуй, ни одна песня не производила на меня такого сильного впечатления. Помню, что я тогда совсем измучил Алика своими бесконечными просьбами петь еще и еще…

Песню «Иерусалим мой золотой», ставшую неофициальным гимном Израиля, Наоми Шемер сочинила ко Дню независимости страны 1967 года. Через три недели после первого триумфального исполнения песня зазвучала над Иерусалимом, освобожденным израильскими десантниками в ходе Шестидневной войны[128] после почти двух тысячелетий вражеской оккупации:

Иерусалим мой золотой,
Из меди, камня и лучей,
Я буду арфой всех напевов
Красы твоей…

Израильское музыкальное искусство известно сейчас во всем мире благодаря целой плеяде выдающихся эстрадных певцов, исполнителей-виртуозов и Израильскому филармоническому оркестру. В стране создана настоящая музыкальная индустрия — десятки училищ и консерваторий с тысячами учащихся. Во многих общеобразовательных школах существует программа музыкальной подготовки, а предмет «Музыка» входит в аттестат зрелости. Прежде евреи могли получить музыкальное образование, в основном, в консерваториях Европы и России, теперь у них есть собственные музыкальные школы и консерватории мирового уровня. Наоми Шемер получила музыкальное образование в Иерусалимской Академии музыки и танца, там же, но на отделении в Тель-Авиве, учился один из самых знаменитых скрипачей современности Ицхак Перлман. Помимо Иерусалимской Академии музыки и танца в стране действуют музыкальные колледжи и школы танца, институт еврейской литургической музыки и академия канторов, кафедры музыковедения при Еврейском университете в Иерусалиме, при Тель-Авивском университете и университете Бар-Илан…

Традиционными стали Израильские фестивали оперы, грандиозные постановки опер великого Джузеппе Верди у подножия горы Масада. В таинственной тишине Иудейской пустыни вблизи Мертвого моря, на фоне освещенной прожекторами полукилометровой отвесной скалы с древней крепостью на ее вершине, тысячи израильтян и гостей слышат бессмертную музыку «Аиды» и «Набукко». И когда величественная мелодия Хора евреев «Va pensiero» из оперы «Набукко»[129] достигает вершины горы — последнего оплота героев восстания против римлян в Иудейской войне, невидимая нить истории словно пронзает бесконечное пространство времени между первым и двадцать первым веками…

Близятся времена и сроки!

Некоторые религиозные авторитеты полагают, что израильский прорыв в науке и культуре свидетельствует о наступлении мессианских времен,[130] серьезные светские аналитики упирают на историко-материалистическую подоплеку этого прорыва — и те, и другие отмечают уникальность миссии Израиля и соглашаются, что израильский прорыв находится в центре мировых процессов.

Сравнительно недавно весьма талантливый израильский писатель и очень умный человек — Игорь Губерман дал интервью известному российскому писателю Дмитрию Быкову.[131] Интервьюер намекал, что Израиль обречен, ибо предназначение евреев — «быть солью в супе, а не собираться в отдельной солонке, вдобавок спорной в территориальном смысле». На это Игорь Губерман дал ответ, который заслуживает быть приведенным полностью:

«Я слышал эту вашу теорию, и это, по-моему, херня, простите меня, старика. Вы говорите много херни, как и положено талантливому человеку. Наверное, вам это

зачем-то нужно... Но не задумывались ли вы, если серьезно, что у евреев сегодня другое предназначение? Что они — форпост цивилизации на Востоке? Что кроме них — с их жестковыйностью, и самоуверенностью, и долгим опытом противостояния всем на свете,— никто не справился бы? Ведь если не будет этого крошечного израильского форпоста, и весь этот участок земли достанется такому опасному мракобесию, такой агрессии, такой непримиримой злобе, то равновесие-то, пожалуй, и затрещит. Вот как выглядит сегодня миссия Израиля, и он, по-моему, справляется. Да и не собралась вся соль в одной солонке, она по-прежнему растворена в мире. Просто сюда, в самое опасное место, брошена очень большая щепоть. Евреи, живущие здесь,— особенные. От прочих сильно отличаются. Ну и относитесь к ним, как к отряду пограничников, к заставе. Характер от войны сильно портится, да. Он хуже, чем у остальных евреев. Раздражительнее. Ну так ведь и жизнь на границе довольно нервная. Зато остальным можно чувствовать себя спокойно...».

Игорь Губерман прав! Четко и очень конкретно определил он сегодняшнее, сиюминутное в масштабах истории, предназначение евреев — противостоять на переднем крае обороны современному всплеску вселенского мракобесия, агрессии и непримиримой злобе исламского экстремизма. Но разве это — новое или, по словам писателя, «другое предназначение» евреев? Разве не в этом всегда и везде состояла историческая миссия еврейства — противостоять мракобесию?

Конечно, стилю Игоря Губермана абсолютно противопоказан романтический пафос, но другому не менее умному нашему современнику, историку Полу Джонсону, пафос, подчас раскрывающий невидимый, глубинный слой правды, отнюдь не чужд. Вот как он оценивает миссию евреев в послесловии к своей книге «История евреев»:

«Евреи были не просто новаторами. Они были также и лицом всего человечества, высвечивая в чистом и возвышенном виде все дилеммы, неизбежно встающие перед

человеком... Евреи были яростными идеалистами, боровшимися за совершенство, и в то же время хрупкими мужчинами и женщинами, мечтавшими о... личной безопасности. Они хотели повиноваться немыслимому Закону Божьему и в то же время остаться в живых... Эта дилемма возродилась в наши дни в форме государства Израиль, основанного для того, чтобы воплотить гуманные идеалы; на практике же оказалось, что ему необходимо быть безжалостным просто для того, чтобы выжить во враждебном мире. Но разве не эта проблема встает перед всеми человеческими существами? Мы хотим построить свой Иерусалим, но вновь и вновь сползаем вниз к городам на равнине. Такое впечатление, что роль евреев состоит в том, чтобы сфокусировать и драматизировать этот общий опыт человечества, обратив свою собственную судьбу во всеобщую мораль».

Аналогичную обобщенно-всеохватную трактовку исторической миссии евреев давал основатель русской философской школы Владимир Соловьев:

«Проходя через всю историю человечества, с самого ее начала и до наших дней, еврейство представляет собой как бы ось всемирной истории».

Быть осью всемирной истории — не привилегия, не знак избранности и не претензия на превосходство или какие-либо особые достоинства. Это — многотысячелетняя судьба, это — тяжелейшая историческая функция, которую еврейский народ добровольно принял на себя в далекой древности, когда его пророки писали Библию. Любой катастрофический поворот кровавого колеса всемирной истории, любой сбой в его вращении неизбежно отражается на оси — гнет, рвет, выкручивает ее, пытается развернуть или сломать. Каждая попытка повернуть историю вспять всегда и везде начиналась с насилия по отношению к ее оси. Современный Израиль — ярчайшее из многочисленных исторических свидетельств того, что «ось всемирной истории» выдержала все попытки сломать ее, устояла, не изменив своей направленности!

Почему в этом разделе нашего очерка, посвященном вкладу Израиля в еврейскую и мировую культуру, мы обратились к обсуждению столь метафизической проблемы — исторической миссии еврейства? Потому что, на наш взгляд, перед той «очень большой щепотью» соли земли, которая брошена Провидением к Вратам Сиона, стоит не только упомянутая Игорем Губерманом оборонительная миссия — быть «форпостом цивилизации», но и не менее важная провиденциальная миссия — совершить прорыв в научно-культурной сфере нашей цивилизации. И, говоря словами Губермана, Израиль, судя по всему, с обеими этими задачами справляется.

Оборонительно-защитительная миссия потребовала от народа Израиля гигантских усилий и жертв для победы над врагами, среди которых были не только арабские диктаторские режимы, но и одна из сверхдержав со всей ее гигантской тоталитарной мощью и животной антисионистской злобой. Успех Израиля в этой общемировой миссии привел к созданию одной из лучших в мире армий и собственной оборонной науки и промышленности, не имеющих аналогов.

Другая, провиденциально-культурологическая миссия Израиля еще только на подьеме. В великой еврейской дилемме, как ее понимал Пол Джонсон,— следовать Закону Божьему или остаться в живых, израильтяне умудрились добиться и того, и другого: защищая свое право на жизнь, они не переставали творить по образу и подобию Божьему. Они справились с обеими задачами, справились несмотря на позорное и аморальное противодействие как сдвинутых влево европейских либералов, так и просто «сдвинутых» советских, исламских и прочих неофашистов — мракобесной антисемитской черни со всего мира.

Близятся времена и сроки!

Дан старт стремительному броску израильской культуры. Этот старт сопровождается нарастающим, с большим ускорением, вкладом израильтян в мировую науку, технологию, медицину, литературу и искусство. Уже появился термин для обозначения национального взлета Израиля[132] — *the start-up nation*. Кажется, в русском языке тоже стали использовать это не требующее перевода слово — «стартап», но если попробовать перевести выражение «start-up nation» с английского на русский, то плучится нечто вроде «мощно взлетающая нация» или «взлетающая с ускорением страна».

Еще раз хотелось бы подчеркнуть дуальность миссии евреев Израиля в современном мире: защитительная миссия «форпоста цивилизации» и культурологическая миссия ускорителя интеллектуального и духовного развития человека. Эти две миссии-функции взаимно дополняют друг друга — вооруженное противостояние врагам цивилизации высекает мощный творческий импульс нации, а ее творческие достижения закрывают лазейки в той «железной стене», которая, по пророческим словам Владимира Жаботинского, одна лишь способна обеспечить жизнь и процветание «форпоста цивилизации». В этой дуальной миссии достижения в математике, физике, химии, биологии, информатике, медицине, литературе и исскусстве не менее важны, чем достижения в ракето- и танкостроении. В этой дуальности — ключ к процветанию еврейского народа, в ней — надежда всего человечества!

Было бы, однако, безответственным прекраснодушием утверждать, что в Израиле нет проблем. Уроки истории с древнейших времен показывают, что самые тяжелые, разрушительные и трагические катастрофы в государственной истории еврейского народа происходили не только, а порой и не столько из-за чрезмерной силы, коварства и злобы врагов, сколько вследствие непримиримых распрей в стане евреев. В наши дни духовное, политическое и правовое состояние израильского общества таково, что, к сожалению, стимулирует его внешних и внутренних врагов к усилению попыток сломить и захватить форпост цивилизации — в железной израильской стене, сложенной из силы и воли народа, появились разлагающие лазейки и даже проломы, а в стальной пружине израильской жестковыйности — опасные трещины.

Было бы также непозволительной роскошью (роскошью неведения) полагать, что ничто и никто не угрожает культурологической, интеллектуально-ускорительной миссии Израиля. Увы, мощнейший всемирный альянс мракобесов грозит Израилю уничтожением, грозит прервать новый Золотой век науки и культуры. В этом альянсе чудовищным образом сплелись силы, не имеющие ничего общего кроме антисемитизма и антисионизма, в нем есть составляющие всех оттенков — от воинствующих атеистов до религиозных фанатиков, от левых социалистов до правых неофашистов, за спиной которых неизменно стоят исламские новоявленные фюреры.

Кажется, русскому историку Сергею Соловьеву принадлежит высказывание о том, что история никого ничему не учит, но сурово наказывает за незнание ее уроков. Это следовало бы напомнить антисемитам, обладающим абсолютной невосприимчивостью к урокам истории, и особенно — их главарям из числа всевозможных фюреров, где бы они ни обитались, ибо проверенный тысячелетиями мировой истории закон гласит:

> *«Жизненные силы еврейства таковы, что выдерживали, выдерживают и, конечно, выдержат испытания, и если какой-либо земной властитель думает победить непобедимое и сокрушить несокрушимое, то он собирает лишь горящие уголья на свою собственную голову, обрекает себя на неизбежное падение — в этом законе истории мы еще убедимся в наши дни, хотя неведомы времена и сроки».*

Русский пророк, православный священник Сергей Булгаков произнес этот приговор юдофобам в 1942 году[133] — в тяжелейший, трагический момент мировой и еврейской истории, но кажется, что он говорит это сегодня, говорит нашим современникам. Незыблемый закон Булгакова поддерживается не только «жизненными силами еврейства», но и нерасторжимой, непреложной связью судьбы западной цивилизации и всего христианскаго мира с судьбой Израиля.

В наше время поддержка Израиля из проблемы чисто нравственной превратилась в проблему выживания — люди, коих немало, встают на защиту Израиля, спасая себя, свой народ, свою веру и культуру, ибо понимают, что эта маленькая и одинокая страна волею исторической судьбы, уходящей в глубины тысячелетий, стала последним заслоном на пути планетарного безумного кафкианского процесса над человечеством. Не позволить мракобесию, где бы оно ни обиталось, остановить израильский прорыв в науке и культуре — вот задача всех честных и мыслящих людей планеты, вне зависимости от их религиозной и национальной принадлежности.

Близятся времена и сроки, когда, как предсказывал пророк Исайя,[134] хлынет свет знаний из возрожденного трудом и творчеством Иерусалима, когда придет из Святой Земли свет обновления для всех жаждущих истины и справедливости:

«Восстань, светись, Иерусалим, ибо пришел свет твой, и слава Господня взошла над тобою. Ибо вот, тьма покроет землю, и мрак — народы; а над тобою воссияет Господь, и слава Его явится над тобою. И придут народы к свету твоему, и цари — к восходящему над тобой сиянию».

Близятся времена и сроки!

ССЫЛКИ И КОММЕНТАРИИ

1. Автор благодарен своим близким и друзьям за внимательное прочтение еще «сырой» рукописи этого эссе и за полезные замечания и комментарии. Очень помогли содержательные отклики известных ученых и литераторов: Семена Ицковича, Игоря Аксельрода, Валерия Базарова, Иона Дегена, Дмитрия Маргулиса, Юрия Солодкина и Александра Яброва. Плодотворными были дискуссии с выдающимися музыкантами Мариной и Альбертом Марковыми, с музыковедом Дорой Ромадиновой. Ряд обширных и глубоких рекомендаций Зелика Фришера — истинного знатока еврейской истории и культуры, напрямую реализован в тексте рукописи.
2. *Федор Достоевский.* «Дневник писателя», Лениздат, С.-Петербург, 1999.
3. *Ernest Renan.* «Vie de Jésus», Paris, 1863./*Эрнест Ренан*, «Жизнь Иисуса», 1902 (Москва, 1991 — репринт).
4. *Франц Меринг.* «Карл Маркс — история его жизни», Госполитиздат, Москва, 1957.
5. Людям XXI века следует, вероятно, напомнить, что Карл Маркс почитался величайшим философом и экономистом «всех времен и народов» на протяжении большей части XX века в России, Китае и всех других социалистических странах, а также коммунистами и социалистами в несоциалистических странах. Он стоял первым в культовой «богоподобной» четверке вождей пролетариата: Маркс-Энгельс-Ленин-Сталин, а его материалистическая, классовая теория общественно-социальной жизни людей считалась величайшим достижением науки. Многие выдающиеся философы и политики прошлого увлекались марксизмом, он и сейчас популярен в лево-социалистических кругах. В.И. Ленин в знаменитой статье «Три источника и три составные части марксизма» дал этому учению характеристику, ставшую крылатой фразой: «Учение Маркса всесильно потому, что оно верно». История, однако, показала, что учение Маркса оказалось ошибочным, но вряд ли сле-

дует возлагать на него ответственность за те тяжелейшие преступления перед человечеством, которые совершались в созданных под идейным флагом марксизма социалистических государствах. В задачу данного очерка не входит критика марксизма, равно как и критика антисемитских взглядов Карла Маркса, чудовищность которых подчеркивается его происхождением из старинного раввинского рода.

6. *Питер Устинов.* «О себе любимом...», изд-во «Захаров», Москва, 1999.
7. *John Adams.* «A letter to F.A. Van der Kemp, 02.16.1808»: «I will insist the Jews have contributed more to civilize men than any other nation. If I was an atheist and believed in blind eternal fate, I should still believe that fate had ordained the Jews to be the most essential instrument for civilizing the nations... They are the most glorious nation that ever inhabited this Earth. They have given religion to three-quarters of the globe and have influenced the affairs of mankind more and more happily than any other nation, ancient or modern.»
8. *С.А. Фридман.* «Евреи — лауреаты Нобелевских премий», изд-во «Дограф», Москва, 2000.
9. *Paul Johnson.* «A History of the Jews», Harper & Row Publishers, Inc., New York, 1987/*Пол Джонсон*, «История евреев», ВЕЧЕ, Москва, Перевод — Зотов И.Л., 2000.
10. *А.С. Кац.* «Евреи, Христианство, Россия», изд-во «Новый Геликон», С.-Петербург, 1997.
11. *Владимир (Зеэв) Жаботинский.* «О железной стене», Изд-во МЕТ, Минск, 2004.
12. *Лапсердак* — длиннополый сюртук, главным образом, у религиозных польских и галицийских евреев; треф — недозволенная иудейской религией пища.
13. *Морис Мюрэ.* «Еврейский ум», СПБ, 1903.
14. Цитирую по книге: *Пол Джонсон.* «История евреев», ВЕЧЕ, Москва, Перевод — Зотов И.Л., 2000.
15. *Г.П. Федотов.* «Новое на старую тему (К современной постановке еврейского вопроса)», 1942, Библиотека «ВЕХИ»: http://www.vehi.net/asion/fedotov.html
16. Рассказывают, что в свое время известному советскому писателю Корнею Чуковскому власти разрешили изложить Библию для детей, но только — без упоминания евреев!
17. *Б.Г. Кузнецов.* «Эйнштейн», изд-во АН СССР, Москва, 1962.

18. *Ю.А. Храмов*. «Биография физики», изд-во «Техника», Киев, 1983.
19. *Ю. Окунев*. «Принстонские образы: физика—Эйнштейн—еврейство», лекция на конференции Просветительской организации LIMUD, Принстон, 12 мая 2012 года: http://rezumeru.org/2011-03-07-20-55-/7146-interesnie-statii-ob-eaiinshteiine-mnenie.html
20. *Ю. Окунев*. «Кафкианский процесс над еврейским народом», в книге «По дороге в XXI век», M•Graphics Publishing, Boston, 2012.
21. *Н. Апчинская*. «Марк Шагал и Библия», «Библейское послание Марка Шагала», издания музея М. Шагала в Витебске: http://chagal-vitebsk.com/node/109; http://chagal-vitebsk.com/?q=node/140. *Корнелия Ичин*. «Об источнике божественного в творчестве Марка Шагала», University of Toronto, Academic Electronic Journal in Slavic Studies.
22. Историю о том, как моя бабушка устроила юного Мовше Сегала в школу живописи Иегуды Пэна, можно прочитать в большом очерке о Витебском художественном ренессансе «Витебская палитра» в книге: Ю. Окунев «Письма близким из XX века», изд-во «Искусство России», С.-Петербург, 2002. http://www.ozon.ru/context/detail/id/1550116/
23. *А. Штильман*. «О еврействе в музыке», «Заметки по еврейской истории», декабрь 2006.
24. *Л. Мадорский*. «Еврейский мир», № 1106, 1–8 августа, 2013.
25. *С. Ицкович*. «О людях и книгах», Чикаго, 2013.
26. *И. Соллертинский*. «Густав Малер», Госмузгиз, Ленинград, 1932.
27. *Стефан Цвейг*. «Бруно Вальтер. Искусство самоотдачи», Собр. сочинений, Том 7, Москва, 1963.
28. *Жестковыйность* в буквальном смысле означает неспособность склонять выю (шею), нежелание кланяться, а в переносном — неприятие поклонения идолам, нежелание подчиняться, покоряться кому-либо или чему-либо, признавая себя побеждённым, зависимым, гордое сопротивление тирании и насилию, нежелание уподобляться кому-то или чему-то чуждому. Жестковыйность еврейского народа неоднократно подчеркивается и в Ветхом и в Новом Завете Библии. Часто вместо точного термина «жестковыйность» используется двусмысленный термин «жестоковыйность», хотя на самом деле описываемое этим термином свойство не имеет никакого отношения к жестокости. Лучше всех

стоящую за термином «жестковыйность» характеристику еврейского народа описал А.С. Пушкин в незавершенной поэме на сюжет библейской «Книги Юдифи»:

Когда владыка ассирийский
Народы казнию казнил,
И Олоферн весь край азийский
Его деснице покорил,—
Высок смиреньем терпеливым
И крепок верой в Бога Сил,
Перед сатрапом горделивым
Израиль выи не склонил...

29. *Макс Даймонт*. «Евреи, Бог и История», изд-во «Гешарим», Москва-Иерусалим, 2009.
30. *M. Botticini, Z. Eckstein,* «The Chosen Few: How Education Shaped Jewish History, 70–1492», Princeton University Press, 2012.
31. *Andrew Robinson*. «The Story of Writing», Thames & Hudson Ltd., London, 2000.
32. *С. Динкевич*. «Евреи, Иудаизм, Израиль», изд-во «МИК», Москва, 2011.
33. Музыка, «Еврейская энциклопедия», том XI, изд-во «Брокгауз-Ефрон», С.-Петербург, 1906–1913.
34. *С. Волков*. «Свидетельство — мемуары Дмитрия Шостаковича», Нью-Йорк, 1979; *С. Волков*. «Шостакович и Сталин: художник и царь», Эксмо, Москва, 2004.
35. *А. Мессерер*. «Безупречно чистый стиль Мендельсона», журнал «Чайка», № 6, 2013.
36. *Arkady Vaksberg*. «Stalin against the Jews», Vintage Books, New York, 1994. *Аркадий Ваксберг*. «Сталин против евреев», Liberty Publishing House, New York, 1995.
37. *С. Ицкович*. «Второй национальный гимн», «Еврейский мир», № 768, 8–14 февраля, 2007.
38. *Д. Цвибель*. «Еврейская доминанта Д. Шостаковича», http://shorashim.narod.ru/case_shostakovich.htm
А. Баскакова, «Шостакович: идентичность с еврейством» — по материалам лекции музыковеда А. Варгафтика «Еврейская тема в музыке Дмитрия Шостаковича» из цикла «Еврейство в музыке», http://www.sem40.ru/culture/music/10517/

39. *Д. Ромадинова.* «Шостакович: герой или антигерой», сетевой журнал «Семь искусств», 7 (32), 2012. *Виталий Катаев.* «Умирают в России страхи», РМ, 1996, http://libelli.narod.ru/music/shostakovich/symph13.html
40. *Ю. Окунев.* «Почему Россия проиграла Америке лунную гонку», в книге «По дороге в XXI век», M•Graphics Publishing, Boston, 2012.
41. *П. Вайль.* «Гений места», изд-во «Астрель», Москва, 2010.
42. Экземпляр Библии был подписан Эйнштейном и его супругой в 1932 году и преподнесен в дар их американской подруге Харриет Гамильтон. Эта Библия была продана на аукционе Bonhams в Нью-Йорке в 2013 году.
43. Первая печатная Библия была выпущена Иоганном Гутенбергом в 1455 году (готическим шрифтом на латинском языке). До нашего времени сохранилось 47 экземпляров этого первого издания Библии, в том числе 11 экземпляров — в США. Единственный российский экземпляр был продан советским правительством в 1931 году, однако в 1945 году из Германии были вывезены в качестве военных трофеев 2 экземпляра гутенберговской Библии — оба они находятся в Москве.
44. В Северной Корее за чтение или хранение Библии положен расстрел.
45. «Слово о полку Игореве», изд-во «Художник РСФСР», Ленинград, 1971. В этом роскошном издании параллельно приведены дешифрованный оригинальный текст повести и его перевод на современный русский язык академика Д.С. Лихачева.
46. *Т. Манн.* «Иосиф и его братья», изд-во «Правда», Москва, 1987.
47. *В. Жаботинский.* «Самсон Назорей», Изд-во «ТЕКСТ», Москва, 2006.
48. *Ю. Солодкин.* «Если вкратце...», Новосибирский издательский дом, 2011. Ю. Солодкин, «Библейские поэмы», Новосибирский издательский дом, 2009.
49. «Песнь песней царя Соломона», ОЛМА Медиа Групп, Москва, 2010 — подарочное, роскошно иллюстрированное издание с включением классических переводов книги с иврита на русский и английский языки («The Song of Songs», published by «HASEFER», Jerusalem, 1923.) и др.

50. *И.Д. Амусин.* «Рукописи Мертвого моря», Москва, 1960;/ *И.Д. Амусин.* «Кумранская община», изд-во «Наука», Москва, 1983.
51. Обсуждение этого противостояния см. эссе «Три вершины или Как бороться со злом» в книге: *Ю. Окунев*, «Ось всемирной истории», M•Graphics Publishing, Boston, 2010.
52. *Р. Сэмюэльс.* «По тропам еврейской истории», изд-во «Арт-Бизнес-Центр», Москва, 1990.
53. *Каирская гениза* — крупнейший архив средневековой еврейской лтературы и документов еврейства с конца IX века, сохранившийся в синагоге пригорода Каира.
54. *Isaac Goldberg*. «Solomon ibn Gabirol: A Bibliography», 1998 — обширная библиография произведений С. Гебироля и исследований о нем на многих языках народов мира.
55. «Гебироль, Соломон бен Иегуда», «Еврейская энциклопедия», том VI, Изд-во «Брокгауз-Ефрон», С.— Петербург, 1906–1913.
56. *Соломон ибн Габироль.* «Царская Корона», Пер. с древнееврейского — проф. В.Н. Нечипуренко, «Сигма», Ростов-на-Дону, 2005./ *В.Н. Нечипуренко.* «Очерки еврейской философии», Москва, 2004./ *Сират К.* «История средневековой еврейской философии», «Гешарим», Иерусалим-Москва, 2003.
57. «Галеви, Иегуда», «Еврейская энциклопедия», том VI, изд-во «Брокгауз-Ефрон», С.-П., 1906–1913.
58. *David Druck.* «Yehuda Halevy: His Life and Works», translation by M. Frank, 2008.
59. *Г. Галкин.* «Йегуда Галеви», изд-во «Текст», Москва, 2011./ Иегуда Галеви, «Песни Сиона», изд-во «Ладомир», Москва, 2011./ *Иегуда Галеви.* «Сердце мое на востоке», Библиотека Алия, Иерусалим, 1990.
60. *Д. Очильдиев.* «История бухарских евреев», изд-во «MIR COLLECTION», New York, 2001.
61. *С. Ганцфрид.* «Кицур Шульхан Арух», изд-во Еврейских организаций России, Москва, 1999.
62. На русском языке изданы сотни книг по учению Каббалы и ее практическим приложениям: см. раздел «Каббала» на сайте книжного интернет-магазина www.ozon.ru
63. *Б. Спиноза.* «Сочинения (в 2-х томах)», изд-во «Наука», 2006.
64. Л. Бердников, «Евреи Государства Российского», изд-во «Человек», Москва, 2011.

65. *Л. Бердников.* «Цари и евреи», Сетевой журнал «Заметки по еврейской истории», №10, 2013. **http://berkovich-zametki.com/2013/Zametki/Nomer10/Berdnikov1.php**
66. *Гаскала* — движение еврейского просвещения, выступавшее за интеграцию евреев в европейское общество и светское образование евреев. Отцом-основателем Гаскалы был великий еврейский философ Моисей Мендельсон, который в 1784 году инициировал в Германии дискуссию о просвещении, обосновал путь к эмансипации евреев.
67. *Mendele Moykher-Sforim.* «Selected Works — Three Great Classic Writers of Modern Yiddish Literature, Vol. 1», Pangloss Press, 1991./ *Менделе Мойхер-Сфорим.* «Маленький человечек. Путешествие Вениамина Третьего. Фишка Хромой», изд — во «Художественная литература», Москва, 1961.
68. *Isaak Leib Peretz.* «Selected Works — Three Great Classic Writers of Modern Yiddish Literature, Vol. 3», Publisher — Pangloss Press, 1991./ Ицхок-Лейбуш Перец, «Избранное», изд-во «Художественная литература», Москва, 1976.
69. *Шолом Алейхем.* «Собрание сочинений в 6 томах», изд-во «Художественная литература», Москва, 1971. *Sholem-Aleykhem.* «Selected Works — Three Great Classic Writers of Modern Yiddish Literature, Vol. 2», Pangloss Press, 1991.
70. *А. Бураковский.* Интервью с Б. Ступкой в книге «Спокойно, вы в Америке!», M•Graphics Publishing, Boston, 2010.
71. *Хабад* — религиозное объединение Любавичских хасидов, одно из самых мощных ответвлений хасидизма, названное так по первым буквам ивритских слов хахма, бина и деа, означающих мудрость, понимание и познание. Центр Хабада был сначала в местечках Лиозна и Ляды Могилевской губернии Российской империи, в которых жил основатель движения Шнеур Залман, после его смерти этот центр переместился в местечко Любавичи. Сто два года, с 1813 по 1915 Любавичи были резиденцией четырех поколений Любавичских Ребе — наследников Шнеура Залмана. В настоящее время существуют сотни общин Хабада по всему миру, а его центр находится в нью-йоркском районе Бруклин.
72. *Ю. Окунев.* «Чудо в трагической оболочке», журнал «Заметки по еврейской истории», № 12, 2011 — **http://berkovich-zametki.com/2011/Zametki/Nomer12/Okunev1.php**
73. Длительная тяжба между Любавичскими хасидами США и Израиля, с одной стороны, и правительством России, с дру-

гой, за остатки так называемой «Библиотеки Шнеерсона» продолжается уже много лет. В настоящее время эти остатки переданы Еврейскому музею в Москве.

74. *Ю. Окунев.* «Найден портрет знаменитого раввина Любавичей — родины Хабада», сетевой журнал «Заметки по еврейской истории», № 4, 2013 — **http://berkovich-zametki.com/2013/Zametki/Nomer4/Okunev1.php**
75. *Мартин Бубер.* «Хасидские истории — Первые учителя», изд-во «Мосты культуры», Москва – Иерусалим, 2006.
76. *Ицхок-Лейбуш Перец.* «Хасидские рассказы», изд-во АСТ, Москва, 2004.
77. *Шмуэль Агнон.* «Рассказы о Бааль-Шем-Тове», изд-во «Текст», Москва, 2011.
78. «Хасидизм». Еврейская энциклопедия, том XV, изд-во «Брокгауз-Ефрон», С.-Петербург, 1906–1913.
79. *Артур Авраам Грин.* «Страдающий наставник — жизнь и учение рабби Нахмана из Брацлава», изд-во «Мосты культуры», Москва–Иерусалим, 2007.
80. *Федор Лясс.* «Последний политический процесс Сталина», изд-во «Филибион», Иерусалим, 2006. *J. Rubenstein, V. Naumov*, «Stalin's secret pogrom», Yale University Press, New Haven–London, 2001.
81. *Х. Бейдер.* «Этюды о еврейских писателях», изд-во «Дух и литера», Киев, 2003; «Лексикон еврейских писателей в Советском Союзе» (на идише), Нью-Йорк, 2011.
82. *Гончаров И.А.* «Письмо Романову К.К.», сентябрь 1886, С.-Петербург // Рос. Архив: История Отечества в документах XVIII–XX: Альманах.— М.: Студия ТРИТЭ: Рос. Архив, 1994.— С. 186–190.
83. *Семен Фруг.* «Разбитые скрижали», изд-во «Liberty», New York, 2012.
84. *С.М. Дубнов.* «Краткая история евреев», изд-во «Феникс», Ростов-на-Дону, 1997.
85. О тайном еврействе Афанасия Фета свидетельствовали И. Грабарь, И. Эренбург, Н. Черногубов, Л. Толстой, Я. Полонский и многие другие.
86. *Maxim D. Shrayer.* «An Anthology of Jewish-Russian Literature: Two-Centuries of Dual Identity in Prose And Poetry», New York, 2007.
87. *Ю. Нагибин.* «Тьма в конце туннеля», изд-во ПИК, Москва, 1996. Юрий Нагибин всю жизнь считал себя евреем по

отцу и лишь на исходе жизни случайно узнал, что его настоящий отец был русским.

88. *Феликс Розинер* (1936–1997) — писатель и поэт, самым известным произведением которого является блестящий роман «Некто Финкельмайер», распространявшийся в СССР нелегально с 1975 года.
89. *Леонид Цыпкин* (1926–1982) — писатель и учёный-медик, доктор медицинских наук, автор ряда повестей и известного романа «Лето в Бадене», переведенного на десятки языков. Человек с трагической судьбой советского «отказника», Леонид скончался через несколько дней после первой публикации на Западе его выдающегося романа, тайно вывезенного из Советского Союза другом писателя Азарием Мессерером.
90. Понятие «еврейского языка» охватывает, на самом деле, несколько разных языков — древнееврейский, иврит, идиш и ладино. О литературе на языке ладино можно прочитать в статье «Ладино» в Еврейской энциклопедии (том X, стр.2).
91. «Литература еврейская». Еврейская энциклопедия, том X, стр.270, изд-во «Брокгауз-Ефрон», С.-Петербург, 1906–1913.
92. *Д. Быков.* «Борис Пастернак», изд-во «Молодая гвардия», Москва, 2007. *В. Опендик.* «Заблуждения Бориса Пастернака», Express Press Publishers, USA, 2009.
93. Тема российского и советского антисемитизма масштабно и глубоко отражена в прозе и исторической публицистике писателя Семена Резника: *С. Резник.* «Красное и коричневое — книга о советском нацизме», «Вызов», Вашингтон, 1991; *С. Резник.* «Хаим-да-Марья», «Кровавая карусель», «Алетейя», С.-Петербург, 2006; *С. Резник.* «Вместе или врозь? — Судьба евреев в России», «Захаров», Москва, 2005; *С. Резник.* «Непредсказуемое прошлое», «Алетейя», С.-Петербург, 2010; *С. Резник.* «Сквозь чад и фимиам», Academia, Москва, 2010.
94. *Семен Липкин, Анна Берзер.* «Жизнь и судьба Василия Гроссмана. Прощание.», изд-во «Книга», Москва, 1990.
95. Декларация правительства Великобритании 1917 года, впервые подтвердившая право евреев на создание национального очага в Палестине; правительство обязалось содействовать достижению этой цели.

96. *Andre Maurois.* «La vie de Disraeli»/*Андрэ Моруа.* «Карьера Дизраэли», «Север», Москва, 1934.
97. «Декларация Бальфура» была принята Великобританией благодаря усилиям премьер-министра Дэвида Ллойд Джорджа и министра иностранных дел Артура Джэймса Бальфура.
98. *И. Зангвиль*. Собрание сочинений в 4-х томах, изд-во «Атенеум», Москва, 1910–1911.
99. *Михаил Себастиан* (Иосиф Гехтер) — автор знаменитой пьесы «Безымянная звезда», по которой в СССР ставились спектакли во МХАТе и БДТ и был снят одноименный фильм; в годы Второй мировой войны писатель издавал свои произведения под вымышленными румынскими именами, т.к. евреям было запрещено публиковаться в фашистской Румынии. Отрывки из дневника Михаила Себастиана военных времен опубликованы в книге Михаила Хазина «Еврейское счастье», Hermitage Publishers, 2007.
100. См. книгу *М. Даймонта* «Евреи, Бог и история».
101. *Готгольд Эфраим Лессинг.* «Натан-Мудрец», перевод с немецкого В.С. Лихачова, с 34-я иллюстрациями, С.-Петербург, Книгоиздательство Германа Гоппе, 1897. В моей библиотеке чудом сохранилось это редкое издание с любопытной вклейкой: «Московский Императора Александра II Кадетский корпус» — вот какие книги читали будущие русские офицеры!
102. Среди знаменитых немецких писателей еврейского происхождения, живших в XIX веке, хотелось бы упомянуть Бертольда Ауэрбаха (1812–1882) — автора нескольких бестселлеров своего времени.
103. «Гейне, Генрих», Еврейская энциклопедия, том VI, стр. 271, «Брокгауз-Ефрон», С.— П., 1906–1913.
104. *М. Брод.* «Реубени, князь иудейский», изд-во «Гудьял-Пресс», Москва, 2000.
105. *Ф. Верфель.* «Сорок дней Муса-дага», изд-во «Симпозиум», Москва, 2010.
106. Эту точку зрения физика Ли Смолина подробно обосновывает в общефилософском плане и развивает в своей «Теории существования» биолог, профессор Александр Ябров: A. Yabrov, «A New Scientific View of Nature», 2012. L. Smolin, «The Trouble with Physics», Houghton Mifflin Co., Boston, 2006.

107. *Норберт Винер.* «Я — математик», изд-во НИЦ, 2001.
108. *Norbert Wiener,* «Cybernetics: Or Control and Communication in the Animal and the Machine», MIT Press, 1948.
109. *Albert Einstein.* «The Einstein Reader», Chapter 50 — «The Goal of Human Existence», p. 238, CITADEL Press, New York, 2006.
110. *A. Calprice.* «The Expanded Quotable Einstein, p.213», Princeton University Press, 2000.
111. «Теодор Лессинг — пророк и жертва», в книге: *Евгений Беркович.* «Банальность добра», изд-во «Янус-К», Москва, 2003.
112. *Анатолий Найман.* «Сэр», изд-во АСТ, Москва, 2008.
113. *Виталий Раевский.* «Ранняя история человечества», изд-во «Слово», Нью-Йорк, 2009.
114. Эта концепция основ антисемитизма подробно обсуждается в эссе «Еврейский вопрос» в книге: *Юрий Окунев.* «Ось всемирной истории», M•Graphics Publishing, Boston, 2010. Имеются также предположения о закреплении этих основ на генетическом уровне в процессе эволюции и представления об антисемитизме как своего рода психической болезни — см., например: *Борис Берель.* «Откровения Библии и молекулярная генетика альтруизма», изд-во «Ретро», С.-Петербург, 2010.
115. *Андре Моруа.* «Карьера Дизраэли», изд-во «Север», Москва, 1934.
116. *Зигмунд Фрейд.* «Собрание сочинений в 26 томах», изд-во «Восточно-европейский институт психоанализа», 2005.
117. *John Barchilon.* «The Crown Prince», Popular Library Publisher, 1986.
118. Albert Einstein, from a broadcast for the United Jewish Appeal, April 11,1943: «The hatred raging against us is grounded in the fact that we have upheld the ideal of harmonious partnership and given it expression in word and deed among the best of our people».
119. *Баронесса Эштон оф Апхолланд* (Кэтрин Маргарет Эштон) — с 2009 года является кем-то вроде министра иностранных дел Европейского союза, отличается враждебностью к Израилю и еврейскому народу.
120. *Вальтер Лакер.* «История сионизма», изд-во «Крон-Пресс», Москва, 2000.
121. Тель-Авив был основан уже после смерти Теодора Герцля — в 1909-м году.

122. «Еврейская ивритская поэзия», Антология – Золотая серия еврейской литературы, изд-во «Северо-Запад Пресс», 2004.
123. *Хаим Нахман Бялик.* «Царь Соломон и Асмодей», изд-во «Гешарим», Иерусалим-Москва, 2005.
124. Литература современного Израиля включает произведения на иврите, идише, арабском и русском языках. Русскоязычным читателям во всем мире хорошо известны произведения замечательных израильских писателей Григория Кановича, Игоря Губермана, Дины Рубиной, Феликса Канделя, Иона Дегена, Давида Маркиша и многих других…
125. *Шмуэль Агнон.* «Кипарисы в сезон листопада», изд-во «Текст», Москва, 2006. *Шмуэль Агнон.* «Новеллы», изд-во «Гешарим», Москва-Иерусалим, 2008. *Шмуэль Агнон.* «Рассказы о Бааль-Шем-Тове», изд-во «Текст», Москва, 2011. *Shmuel Agnon.* «The Bridal Canopy», Library of Modern Jewish Literature, 2000.
126. *Евгений Биневич.* «История еврейского театра в России», Seagull Press, Baltimore, 2009.
127. Бронислав Губерман помог многим выдающимся еврейским музыкантам переехать в Палестину, спас их от уничтожения нацистами.
128. *Michael B. Oren.* «Six Days of War», Presidio Press Book, New York, 2003.
129. Поразительно — в Италии хор евреев «Va pensiero» из оперы Верди «Набукко» стал как бы неофициальным гимном страны, ибо итальянцы услышали в нем бессмертный призыв к свободе и независимости своей родины. (Подробности см. в статье С. Ицковича «Второй национальный гимн».)
130. *Борис Гулько.* «В центре мировых процессов», Интернет-журнал «МЗ», № 412, 2013: www.newswe.com
131. Интервью Д. Быкова с И. Губерманом для интернет-газеты «Собеседник»: http://www.antho.net/library/guberman/interview.html
132. D. Senor, and S. Singer, «Start-up Nation: The Story of Israel's Economic Miracle», New York, 2009.
133. *С.Н. Булгаков.* «Расизм и христианство», раздел «Вопрос еврейский», 1942.
134. «Книга пророка Исайи», Глава 60, 1–3, Библия, Книги Священного писания, Ветхого и Нового Завета, Канонические, с иллюстрациями Гюстава Доре, Том II, Ленинград, 1990.

ИМЕННОЙ УКАЗАТЕЛЬ

Абарбанель, Ицхак бен Иегуда — философ, талмудист, писатель, министр при королевских дворах Португалии и Испании
Аввакум — библейский пророк, автор ветхозаветной «Книги пророка Аввакума»
Авербах, Юрий — гроссмейстер, шахматный теоретик
Авраам — библейский пророк, первооткрыватель монотеизма
Аггей — библейский пророк, автор ветхозаветной «Книги пророка Аггея»
Агилар, Грейс — писательница
Агнон, Шмуэль — писатель (Нобелевская премия, 1966)
Адамс, Джон — президент США
Азимов, Айзек — писатель
Акива — законоучитель, один из составителей Мишны, участник восстания Бар-Кохбы
Акоста, Уриэль — философ
Аксельрод, Игорь — историк, публицист
Аксенов, Василий — писатель
Акунин, Борис — писатель
Алданов, Марк — писатель
Александр I — российский император
Александр II — российский император
Александра — иудейская царица I века до н.э.
Александров, Ефим — эстрадный певец, режиссер, продюсер
Александрович, Михаил — кантор, камерный певец (тенор)
Алексин, Анатолий — писатель
Алешковский, Юз — писатель
Алигер, Маргарита — поэтесса
Алхаризи, Иегуда — средневековый поэт
Алькан, Шарль — пианист, композитор
Альтман, Натан — художник
Альфаси, Исаак — средневековый раввин, богослов
Амос — библейский пророк, автор ветхозаветной «Книги пророка Амоса»
Андрей (Андрей Первозванный) — ученик Иисуса Христа, Святой апостол, персонаж новозаветных Евангелий
Антокольский, Марк — скульптор
Антокольский, Павел — поэт, переводчик
Ан-ский, Семен (Соломон Раппопорт) — драматург, поэт
Апчинская, Наталья — искусствовед
Армстронг, Луи — джазовый музыкант
Арцимович, Лев — физик, академик, осуществил управляемую термоядерную реакцию
Ауманн, Исраэль Роберт — математик (Нобелевская премия, 2005)
Ауэр, Леопольд — скрипач, дирижер, композитор
Ахад-Гаам (Ушер Исаевич Гинцберг) — теоретик сионизма, писатель-публицист
Ахматова, Анна — поэтесса
Аш, Шолом — писатель
Аши — ранне-средневековый раввин-законоучитель, глава Сурской академии, один из составителей и редакторов Вавилонского Талмуда

Баал Шем Тов — основатель хасидского вероучения из местечка Меджибож на Подолье
Бабель, Исаак — писатель
Багрицкий, Эдуард — поэт
Базаров, Валерий — историк, писатель-публицист
Байрон, Джордж Гордон — поэт
Бакланов, Григорий — писатель
Бакст, Леон — художник
Бальфур, Артур — премьер-министр и министр иностранных дел Великобритании
Барто, Агния — поэтесса
Баснер, Вениамин — композитор
Бах, Иоганн Себастьян — композитор
Бахье Пкуда — средневековый раввин, философ, поэт
Башевис-Зингер, Исаак — писатель (Нобелевская премия, 1978)
Бейдер, Хаим — филолог, поэт
Белл, Джошуа — скрипач
Беллоу, Сол — писатель (Нобелевская премия, 1976)
Бен-Гурион, Давид — премьер-министр Израиля
Берель, Борис (Борис Фукс) — ученый-генетик, писатель
Бергельсон, Давид — писатель, драматург
Бергсон, Анри — философ, писатель (Нобелевская премия, 1927)
Бердников, Лев — писатель, историк
Беркович, Евгений — писатель-публицист
Берлин, Ирвинг — композитор
Берлин, Исайя — философ, историк
Берлиоз, Гектор — композитор
Бернар, Сара — актриса
Бёрне, Людвиг — писатель-публицист
Бернстайн, Леонард — композитор, дирижер
Бернштейн, Сергей — математик, академик
Бертиноро, Овадия — средневековый раввин, писатель-талмудист, один из первых практических сионистов
Бете, Ханс — физик (Нобелевская премия, 1967)
Бетховен, Людвиг ван — композитор
Бламберг, Барух — вирусолог (Нобелевская премия, 1976)
Блантер, Матвей — композитор
Блох, Марк — историк, основатель современной историографии, расстрелян за участие во французском антифашистском подполье
Блох, Феликс — физик (Нобелевская премия, 1952)
Блох, Эрнест — композитор
Блюм, Леон — премьер-министр Франции
Блэйк, Вильям — поэт, художник
Бок, Джерри — театральный композитор
Болеславский, Исаак — гроссмейстер, шахматный теоретик
Бор, Нильс — физик (Нобелевская премия, 1922)
Борн, Макс — физик (Нобелевская премия, 1954)
Ботвинник, Михаил — гроссмейстер, чемпион мира по шахматам, ученый-электротехник
Брандес, Луис — юрист, член Верховного суда США
Брехт, Бертольд — драматург, поэт
Брод, Макс — писатель
Бродский, Иосиф — поэт (Нобелевская премия, 1987)
Бронштейн, Давид — гроссмейстер, шахматный теоретик, литератор
Брукнер, Анита — писательница, историк
Брух, Макс — композитор
Бубер, Мартин — философ, писатель, лидер сионистского движения
Булгаков, Сергей — православный священник, философ
Бунин, Иван — поэт, прозаик, переводчик (Нобелевская премия, 1933)

Бураковский, Александр — писатель, публицист
Быков, Дмитрий — писатель, публицист
Бэрри, Клэр и Мерна (сестры Бэрри) — эстрадные певицы
Бялик, Хаим — поэт, прозаик

Вагнер, Рихард — композитор
Вайль, Курт — композитор
Вайль, Петр — писатель, журналист
Вайнеры, Аркадий и Георгий — писатели
Вайскопф, Виктор — физик
Ваксберг, Аркадий — писатель, публицист, юрист
Ваксман, Зельман — микробиолог, биохимик, первооткрыватель стрептомицина (Нобелевская премия, 1952)
Вальтер, Бруно — дирижер
Ван Дейк — художник
Варбург, Отто — ученый-ботаник, президент Всемирной сионистской организации
Варбург, Отто Генрих — биохимик, цитолог (Нобелевская премия, 1931)
Вассерман, Август — микробиолог, иммунолог
Вахтангов, Евгений — театральный режиссер
Вейнберг, Петр — литературовед, поэт, переводчик
Вейцман, Хаим — химик, первый президент Израиля
Веллер, Михаил — писатель
Вениамин Тудельский — средневековый историк, путешественник, писатель
Вентцель, Елена Сергеевна (И. Грекова) — писательница, математик
Венявский, Генрих — скрипач, композитор
Верди, Джузеппе — композитор
Верфель, Франц — поэт, прозаик
Вигнер, Юджин — физик (Нобелевская премия, 1963)
Визель, Эли — писатель, журналист (Нобелевская премия, 1986)
Винер, Норберт — математик, основоположник кибернетики
Витгенштейн, Людвиг — философ
Витгенштейн, Пауль — брат Людвига Витгенштейна, однорукий пианист-виртуоз
Владигеров, Панчо — композитор
Войнович, Владимир — писатель
Володин, Александр — драматург, сценарист, поэт
Высоцкий, Владимир — актер, поэт, бард

Габер, Фриц — химик (Нобелевская премия, 1918)
Габович, Михаил — танцовщик, балетмейстер
Галеви, Жак — композитор, педагог, наставник Шарля Гуно, Жоржа Бизе и Камиля Сен-Санса
Галеви, Иегуда — средневековый поэт, философ
Галилей, Галилео — физик, астроном
Галич, Александр — поэт, драматург, бард
Гебироль, Соломон — средневековый поэт, философ
Гегель, Георг Вильгельм Фридрих — философ
Гейне, Генрих — поэт, публицист
Геллер, Ефим — гроссмейстер
Гельфанд, Израиль — математик, биолог, педагог
Герц, Генрих — физик, открытие электро-магнитных волн
Герцль, Теодор — основатель политического сионизма, писатель-публицист, драматург
Гершвин, Джордж — композитор
Гершель, Уильям — астроном
Гершко, Авраам — биохимик (Нобелевская премия, 2004)
Гесс, Моисей — теоретик сионизма, журналист, писатель-публицист
Гёте, Иоганн Вольфганг — поэт
Гилельс, Эмиль — пианист

Гиллель — законоучитель, глава Синедриона
Гинзбург, Виталий — физик, академик (Нобелевская премия, 2003)
Гинзбург, Евгения — писательница, журналистка
Гинсберг, Аллен — поэт
Глаубер, Рой — физик (Нобелевская премия, 2005)
Гнесины — семья музыкантов и педагогов
Гнесин, Фабиан Осипович — отец сестер и брата Гнесиных
Гнесин, Менахем — актер, режиссер
Голдвин, Сэмюэл — патриарх Голливуда, один из основателей голливудской киноиндустрии, продюсер
Голованивский, Савва — поэт, прозаик, драматург
Голодный, Михаил — поэт
Гольденвейзер, Александр — пианист, композитор, педагог, писатель
Гомер — древнегреческий поэт
Гончаров, Иван — писатель
Гордимер, Надин — писательница, поэтесса (Нобелевская премия, 1991)
Горенштейн, Фридрих — писатель, драматург, киносценарист
Горовец, Эмиль — эстрадный певец
Горовиц, Владимир — пианист
Городницкий, Александр — ученый-геофизик, поэт, бард
Гофштейн, Давид — поэт
Грец, Генрих — историк
Грин, Артур Авраам — ученый, исследователь хасидизма, писатель
Гринберг, Ури Цви — поэт, публицист
Гроссман, Василий — писатель, журналист
Гроссман, Давид — писатель
Губерман, Бронислав — скрипач, основатель Израильского симфонического оркестра
Губерман, Игорь — поэт, писатель-публицист
Гудзенко, Семен — поэт
Гудмен, Бенни — джазовый кларнетист, дирижер, «король свинга»
Гулько, Борис — гроссмейстер, писатель-публицист
Гури, Хаим — поэт, прозаик, кинорежиссер
Гуцков, Карл — писатель, драматург

Давид — второй царь Израиля, библейский религиозный поэт
Даймонт, Макс — историк
Даниил — библейский пророк, автор ветхозаветной «Книги пророка Даниила»
Даниэль, Юлий — писатель, поэт, переводчик
Данте Алигьери — поэт
Дассен, Джо — эстрадный певец
Деген, Ион — врач, ученый, писатель, поэт
Дер Нистер (Пинхос Каганович) — писатель
Дефо, Даниель — писатель
Дёблин, Альфред — писатель
Джильи, Беньямино — оперный певец (тенор), киноактер
Джойс, Джеймс — писатель, поэт
Джолсон, Эл — артист, певец, бродвейский шоумен
Джонсон, Пол — историк, писатель
Джорджоне (Джорджо Барбарелли да Кастельфранко) — художник эпохи Возрождения
Джуисон, Норман — кинорежиссер
Дизраэли, Бенджамин — премьер-министр Великобритании, писатель
Дикий, Алексей — актер, театральный режиссер
Добровейн, Исай — дирижер
Довлатов, Сергей — писатель
Доктороу, Эдгар — писатель
Долматовский, Евгений — поэт
Домбровский, Юрий — писатель
Достоевский, Федор — писатель
Дрюон, Морис — писатель
Дубнов, Семен — историк, писатель

Дуглас, Кирк — киноактер
Дунаевский, Исаак — композитор

Евтушенко, Евгений — поэт, прозаик, педагог
Есфирь — жена персидского царя Артаксеркса, персонаж ветхозаветной «Книги Есфири»
Ефимов, Игорь — писатель, философ

Жаботинский, Владимир — писатель, теоретик и лидер сионизма
Жванецкий, Михаил — писатель-сатирик

Закс, Нелли — писательница (Нобелевская премия, 1966)
Зангвиль, Израиль — писатель, драматург
Зандерлинг, Курт -дирижер
Захария — библейский пророк, автор ветхозаветной «Книги пророка Захарии»
Заходер, Борис — поэт, детский писатель, переводчик
Зегерс, Анна — писательница
Зельдович, Яков — физик, академик, один из создателей атомной и водородной бомбы в СССР
Зорин, Леонид — драматург, сценарист
Зускин, Вениамин — актер

Иаков — ветхозаветный праотец еврейского народа
Иезекиль — библейский пророк, автор ветхозаветной «Книги пророка Иезекиля»
Иеремия — библейский пророк, автор ветхозаветной «Книги пророка Иеремии»
Иегошуа, Авраам — писатель
Иегуда ха-Наси — глава синедриона, собиратель и редактор Мишны — основы Талмуда
Изабелла — королева Испании
Изхар, Самех — писатель
Ильф, Илья — писатель, журналист
Инбер, Вера — писательница, поэтесса
Иннокентий III — Римский папа
Иоанн — ученик Иисуса Христа, Святой апостол, персонаж новозаветных Евангелий
Иоанн Креститель — предтеча и родственник Иисуса Христа, предсказавший приход Мессии и крестивший Иисуса в Иордане, персонаж новозаветных Евангелий
Иоанн Павел II — Римский папа
Иоахим, Йозеф — скрипач, композитор, педагог
Иов — библейский праведник, персонаж ветхозаветной «Книги Иова»
Иоиль — библейский пророк, автор ветхозаветной «Книги пророка Иоиля»
Иона — библейский пророк, сказочный персонаж ветхозаветной «Книги пророка Ионы»
Йонат, Ада — химик, кристаллограф (Нобелевская премия, 2009)
Иосиф — муж Пресвятой Девы Марии, персонаж новозаветных Евангелий
Иосиф — хазарский каган
Иосиф Имрони — средневековый поэт
Иосиф Прекрасный — библейский герой, сын Иакова и Рахили
Иоффе, Абрам — физик, академик, основатель советской физической школы
Иоханан бен Заккай — глава Синедриона, основатель центра изучения Торы в Явне
Ирод Великий — царь Израиля
Исаак — ветхозаветный праотец еврейского народа, персонаж ветхозаветных книг
Исайя — библейский пророк, автор ветхозаветной «Книги пророка Исайи»
Иуда — ученик Иисуса Христа, Святой апостол, персонаж новозаветных Евангелий

Ицкович, Семен — ученый, публицист

Каверин, Вениамин — писатель, сценарист
Казакевич, Эммануил — писатель, поэт, переводчик
Калигула — римский император
Калишер, Цви — раввин, один из провозвестников современного сионизма
Кальман, Имре — композитор
Канеман, Даниэль — психолог, экономист (Нобелевская премия, 2002)
Кане́тти, Элиас — писатель, драматург, социолог (Нобелевская премия, 1981)
Канович, Григорий — писатель, переводчик, драматург
Кант, Эммануил — философ
Кантор, Георг — математик
Канторович, Леонид — академик, математик, экономист (Нобелевская премия, 1975)
Карамзин, Николай — писатель, историк
Карл Великий — император, властитель Римской империи, король франков и лангобардов
Каро, Иосиф — раввин, законоучитель, талмудист
Каспаров, Гарри — гроссмейстер, чемпион мира по шахматам
Кассиль, Лев — писатель
Катаев, Виталий — дирижер, педагог
Кауфман, Бел — писательница
Кафка, Франц — писатель
Кац, Сигизмунд — композитор
Кацнельсон, Абрам — поэт
Квитко, Лев — поэт, переводчик
Кемени, Джон — математик, разработчик языка программирования Бейсик
Кестен, Герман — писатель
Кёстлер, Артур — писатель
Керет, Этгар — писатель
Киплинг, Редьярд — поэт, прозаик
Кирсанов, Семен — поэт
Кисин, Евгений — пианист
Кистяковский, Георгий — химик
Клемперер, Отто — дирижер, композитор
Клио — мифологическая покровительница истории
Коган, Леонид — скрипач, педагог
Коган, Павел — поэт
Козаков, Михаил Эммануилович — писатель, драматург
Козаков, Михаил — актер, режиссер, сын писателя М. Э. Козакова
Колкер, Александр — композитор
Колмановский, Эдуард — композитор
Колумб, Христофор — адмирал
Коперник, Николай — астроном, математик, первооткрыватель гелиоцентрической системы
Копланд, Аарон — композитор, пианист, дирижер
Коржавин, Наум — поэт, писатель
Короленко, Владимир — писатель
Корчак, Януш — педагог, публицист
Корчной, Виктор — гроссмейстер, писатель-публицист
Косидовский, Зенон — писатель
Крейслер, Фриц — скрипач, композитор
Кремье, Исаак — министр юстиции Франции
Кронекер, Леопольд — математик
Кубрик, Стенли — кинорежиссер, продюсер (Оскар 1965, 1969, 1972, 1988)
Кук, Авраам — раввин, один из основоположников религиозного сионизма
Кунин, Владимир — писатель
Куприн, Александр — писатель
Кусевицкий, Сергей — дирижер
Кушнер, Александр — поэт

Лазарус, Эмма — поэтесса
Ландау, Лев — академик, физик (Нобелевская премия, 1962)
Ласкер, Эмануэль — гроссмейстер, чемпион мира по шахматам

Ласкер-Шюлер, Эльза — поэтесса, писательница
Лассаль, Фердинанд — философ, лидер социалистического движения
Левенфиш, Григорий — гроссмейстер, шахматный теоретик, один из создателей советской шахматной школы
Леви, Примо — поэт, прозаик
Левитан, Исаак — художник
Левитанский, Юрий — поэт, переводчик
Леви-Чивита, Туллио — математик
Лем, Станислав — писатель, философ
Леонов, Евгений — актер
Лессинг, Готхольд Эфраим — поэт, драматург, просветитель
Лессинг, Теодор — философ, публицист
Лец, Станислав Ежи — поэт, прозаик, философ
Лившиц, Бенедикт — поэт, переводчик
Липкин, Семен — поэт, прозаик, переводчик
Лисицкий, Лазарь — художник, архитектор
Лихачев, Дмитрий — академик, филолог, искусствовед, писатель
Ломоносов, Михайло — ученый, поэт
Лонгфелло, Генри — поэт
Лотман, Юрий — ученый-культуролог, литературовед
Лурия, Исаак — богослов, составитель учения Каббалы
Людвиг, Эмиль — писатель, журналист
Лютер, Мартин — богослов, инициатор Реформации, переводчик Библии на немецкий язык

Мадорский, Лев — музыковед
Майер, Лазарь Меир — патриарх Голливуда, один из основателей голливудской киноиндустрии и Американской академии киноискусства
Майкельсон, Альберт — физик (Нобелевская премия, 1907)
Маймонид, Моисей (Рамбам) — раввин, философ, писатель, врач, духовный лидер раннего средневековья
Малер, Густав — композитор, дирижер, директор Венской оперы
Мандельштам, Леонид — академик, физик
Мандельштам, Осип — поэт
Манн, Томас — писатель
Маргулис, Дмитрий — историк, публицист
Мария (Миръям) — мать Иисуса Христа, Пресвятая Богородица, персонаж новозаветных Евангелий
Мария Магдалина — последовательница Иисуса Христа, христианская святая, персонаж новозаветных Евангелий
Маркиш, Давид — писатель
Маркиш, Перец — поэт, прозаик
Марков, Альберт — скрипач, композитор, педагог
Маркова, Марина — музыкант
Маркс, Карл — философ, экономист
Марсо, Марсель — актер-мим
Маршак, Самуил — поэт, переводчик
Масс, Владимир — сценарист, драматург
Матусовский, Михаил — поэт
Межиров, Александр — поэт, переводчик
Мейербер, Джакомо — композитор
Мейтнер, Лиза — физик
Мелвилл, Герман — писатель, поэт
Менахем Мендель из Витебска — один из основателей хасидизма в Белоруссии и Палестине
Менделе Мохер-Сфорим (Соломон Моисеевич Абрамович) — писатель
Мендельсон, Моисей — философ, писатель, публицист, основатель движения Гаскала
Мендельсон, Феликс — композитор, дирижер, пианист

Менухин, Иегуди — скрипач
Мережковский, Дмитрий — писатель, историк, философ
Меринг, Франц — историк, писатель
Мессерер, Азарий — филолог, публицист
Мессерер, Асаф — балетмейстер, танцовщик
Мета, Зубин — дирижер
Меттер, Израиль — писатель
Мечников, Илья — биолог (Нобелевская премия, 1908)
Мизес, Людвиг фон — социолог, экономист, историк
Миллер, Артур — драматург, прозаик
Мильтон, Джон — писатель, драматург
Мильштейн, Натан — скрипач
Минковский, Герман — математик, автор четырехмерной модели пространства-времени
Минский, Николай — поэт, провозвестник русского символизма
Минц, Александр — академик, радиофизик
Михей — библейский пророк, автор ветхозаветной «Книги пророка Михея»
Михоэлс, Соломон — актер, режиссер, педагог, директор Московского еврейского театра (ГОСЕТ), председатель Еврейского антифашистского комитета СССР (ЕАК)
Модильяни, Амедео — художник, скульптор
Моисей — библейский пророк, основатель монотеистической библейской морали
Монтан, Ив — киноактер, эстрадный певец
Моравия, Альберто — писатель, журналист
Моруа, Андре — писатель
Мостел, Зеро — актер
Моше бен Нахман (Рамбан) — философ, каббалист, поэт
Мошелес, Игнац — пианист, композитор, дирижер, педагог
Муссини, Чезаре — художник
Мюзам, Эрих — поэт, драматург
Мюрэ, Морис — писатель

Нагибин, Юрий — писатель, драматург
Надеждина, Надежда — балетмейстер, создатель ансамбля русского танца «Березка»
Надсон, Семен — поэт
Найдорф, Мигель — гроссмейстер, бизнесмен
Найман, Анатолий — поэт, прозаик, переводчик
Наум — библейский пророк, автор ветхозаветной «Книги пророка Наума»
Нахман из Брацлава — раввин, основатель Брацлавсой ветви хасидизма
Невахович, Лев (Иегуда Лейб бен Ноах) — писатель, драматург, переводчик
Неизвестный, Эрнст — скульптор
Нейман, Джон фон — математик, физик, создатель архитектуры компьютеров и теории игр
Нётер, Амалия Эмми — математик, «самая крупная женщина-математик, когда-либо существовавшая»
Нехемия — библейский пророк, автор ветхозаветной «Книги Нехемии»
Нимцович, Арон — гроссмейстер, крупнейший шахматный теоретик
Ницше, Фридрих — философ
Нордау, Макс — теоретик сионизма, публицист
Ньюмен, Пол — киноактер, режиссер, продюсер, «обладатель самых знаменитых голубых глаз в истории кино» (Оскар, 1987)
Ньютон, Исаак — физик, математик

Оз, Амос — писатель
Ойстрах, Давид — скрипач
Олоферн — ассирийский военачальник, персонаж ветхозаветной «Книги Юдифи»

Опендик, Владимир — писатель, публицист
Оппенгеймер, Роберт — физик, научный руководитель Манхэттенского проекта, «отец атомной бомбы»
Осия — библейский пророк, автор ветхозаветной «Книги пророка Осии»
Островский Аркадий — копозитор
Оффенбах, Жак — композитор

Павел — «отец христианства», автор ряда новозаветных произведений, Святой апостол
Павел I — российский император
Пайерлс, Рудольф — физик
Павлов, Иван — физиолог (Нобелевская премия, 1904)
Панн, Лиля — эссеист, литературный критик
Пастернак, Борис — поэт, прозаик (Нобелевская премия, 1958)
Пензиас, Арно — астрофизик, радиоастроном (Нобелевская премия, 1978)
Первомайский, Леонид (Илья Гуревич) — поэт, прозаик, драматург
Перец, Ицхок-Лейбуш — писатель
Перлман, Ицхак — скрипач
Петербургский, Ежи — композитор
Петр (Симон) — ученик Иисуса Христа, Святой апостол, персонаж новозаветных Евангелий
Петрарка, Франческо — поэт
Пинскер, Лев — теоретик сионизма, врач, публицист
Пинтер, Хэролд — драматург (Нобелевская премия, 2005)
Писсарро, Камиль — художник
Плисецкая, Майя — балерина
Покрасс, Дмитрий и Даниил — композиторы
Полугаевский, Лев — гроссмейстер, литератор
Поппер, Карл — философ
По́ток, Хаим — писатель
Пригожин, Илья — физик, химик (Нобелевская премия, 1977)
Прицкер, Давид — композитор
Прокофьев, Сергей — композитор
Пруст, Марсель — писатель
Пушкин, Александр — поэт, прозаик
Пэн, Иегуда — художник

Раби, Исидор — физик (Нобелевская премия, 1944)
Рабинович, Соломон Наумович — писатель Шолом-Алейхем
Равина — ранне-средневековый раввин-законоучитель, глава Сурской академии, один из составителей и редакторов Вавилонского Талмуда
Раевский, Виталий — ученый-химик, писатель-публицист
Разгон, Лев — писатель
Райзман, Юлий — кинорежиссер, сценарист, педагог
Райкин, Аркадий — актер
Райс, Элмер — драматург, режиссер
Рамбам (Рабби Моше бен Маймон, Муса ибн Маймун, Моисей Египетский) — см. Маймонид
Раневская, Фаина — актриса
Рапопорт, Иосиф — ученый-генетик
Рассел, Бертран — философ, математик, публицист (Нобелевская премия, 1950)
Ратенау, Вальтер — министр иностранных дел Германии, публицист
Рахиль — ветхозаветная праматерь еврейского народа, любимая жена Иакова
Рахлин, Натан — дирижер
Рашель, Элиза — актриса
Раши (Шломо Ицхаки) — богослов, крупнейший комментатор Талмуда и Торы
Резник, Семен — писатель, историк, публицист
Рейзен, Марк — оперный певец (бас)
Рейн, Евгений — поэт, прозаик
Рейхлин, Иоханн — философ, писатель
Ренан, Эрнест — историк, писатель

Решевский, Самуэль — гроссмейстер
Рикардо, Давид — экономист
Ричард Львиное Сердце — король Англии
Ровина, Хана — актриса
Розинер, Феликс — писатель
Рознер, Эдди — композитор, джазовый музыкант
Розенфельд, Ефим — композитор, пианист
Ромадинова, Дора — музыковед, публицист
Ромм, Михаил — режиссер, сценарист, педагог
Рот, Йозеф — писатель
Рот, Филип — писатель
Рот, Хенри — писатель
Ротшильд, Майер Амшель — основатель самой влиятельной династии международных банкиров и предпринимателей
Рохлин, Евгений — композитор
Рощин, Михаил — драматург, киносценарист, прозаик
Рубина, Дина — писательница
Рубинштейн, Акива — гроссмейстер, шахматный теоретик
Рубинштейн, Антон — композитор, дирижер, пианист, основатель Санкт-Петербургской консерватории
Рубинштейн, Артур — пианист
Рубинштейн, Николай — пианист, педагог, основатель Московской консерватории
Руфь — прабабушка царя Давида, персонаж ветхозаветной «Книги Руфи»
Рыбак, Натан — писатель
Рыбаков, Анатолий — писатель
Рэнд, Айн — писательница

Саа́дия бен Иосеф (Саадия Гаон) — богослов, философ, поэт
Саладин — султан, правитель Египта и Сирии
Саломон, Хаим — финансист
Самойлов, Давид — поэт
Самосуд, Самуил — дирижер, виолончелист, педагог
Самсон — библейский герой-богатырь, персонаж ветхозаветной «Книги Судей»
Самуил Нагид — визирь Гренадского халифа
Сарнов, Бенедикт — писатель, литературовед
Сарнов, Давид — ученый-изобретатель, один из создателей систем радио- и телевещания
Саул — первый царь Израиля
Светлов, Михаил — поэт
Свирский, Григорий — писатель
Святослав — киевский князь
Себастиан, Михаил — писатель, драматург
Севела, Эфраим — писатель, сценарист, кинорежиссер
Сегал, Моисей Захарович — см. Шагал, Марк
Сегал, Захар — отец Марка Шагала
Сегал, Хаим бен Исаак — прадед Марка Шагала
Секунда, Шолом — композитор
Сельвинский, Илья — поэт, драматург
Семенов, Юлиан — писатель, киносценарист
Сен-Санс, Камиль — композитор
Серов, Александр — композитор
Серов, Валентин — художник, сын Александра Серова и Валентины Бергман
Симон бен Иохаи — автор мистической книги «Зогар», положенной в основу Каббалы
Симона Синьоре — актриса (Оскар, 1960)
Скабичевский, Александр — литературный критик
Скотт, Вальтер — писатель, поэт, историк
Славин, Лев — драматург, писатель, сценарист
Слуцкий, Борис — поэт
Смоленскин, Перец — теоретик сионизма, публицист

Смолин, Ли — физик
Соллертинский, Иван — музыковед
Соловьев, Владимир — философ, поэт
Соловьев, Сергей — историк
Солодкин, Юрий — ученый, поэт, публицист
Соломон — третий царь Израиля, библейский поэт
Соломон, Излер — дирижер
Спектор, Мордехай — писатель
Спилберг, Стивен — конорежиссер, продюсер (Оскар, 1994, 1999)
Спиноза, Барух — философ
Стайн, Джозеф — драматург, либретист
Станиславский, Константин Сергеевич — театральный режиссер, педагог
Стасов, Владимир — литературный и музыкальный критик
Стейниц, Вильгельм — гроссмейстер, чемпион мира по шахматам, шахматный теоретик
Стерн, Исаак — скрипач
Стоун, Ирвинг — писатель
Стрейзанд, Барбара — актриса, певица (Оскар, 1968, 1976)
Строк, Оскар — композитор, пианист, «король танго»
Стругацкие, Аркадий и Борис — писатели
Ступка, Богдан — актер
Суламит — героиня ветхозаветной книги «Песнь Песней Соломона»
Сутин, Хаим -художник
Сцилард, Лео — физик
Сэлинджер, Джером — писатель

Тайманов, Марк — гроссмейстер, пианист
Таль, Михаил — гроссмейстер, чемпион мира по шахматам
Тарраш, Зигберт — гроссмейстер, шахматный теоретик
Тартаковер, Савелий — гроссмейстер, шахматный теоретик, литератор, доктор права
Твен, Марк — писатель
Тейлор, Элизабет — киноактриса
Теллер, Эдвард — физик, руководитель американской программы создания водородной бомбы
Толстой, Лев — писатель
Тополь, Хаим — актер
Торквемада, Томас — Великий инквизитор Испании
Тосканини, Артуро — дирижер
Триоле, Эльза — писательница
Трифонов, Юрий — писатель
Тувим, Юлиан — поэт, прозаик
Тынянов, Юрий — писатель, драматург, литературный критик
Тышлер, Александр — художник

Улам, Станислав — математик, изобретатель метода Монте-Карло
Улицкая, Людмила — писательница
Ульянов, Михаил — актер
Устинов, Питер — актер, писатель
Утесов, Леонид — киноактер, эстрадный певец
Уткин, Иосиф — поэт
Уэскер, Арнолд — драматург, прозаик

Файер, Юрий — дирижер
Файнстайн, Элейн — поэтесса, прозаик, переводчица
Фальк, Роберт — художник
Фаст, Говард — писатель
Федотов, Георгий — философ, публицист
Фейнман, Ричард — физик (Нобелевская премия, 1965)
Фейхтвангер, Лион — писатель
Фельдман, Марина — легендарный израильский гид
Фельцман, Оскар — композитор
Фердинанд — король Испании
Фет, Афанасий — поэт
Фефер, Исаак — поэт
Филон Александрийский — философ, писатель
Филлип Красивый — король Франции

Фитцджеральд, Френсис Скотт — писатель
Фишер, Роберт — гроссмейстер, чемпион мира по шахматам
Флавий, Иосиф — историк, писатель
Флетзингер, Белла Исаевна — мать сестер и брата Гнесиных
Флор, Соломон — гроссмейстер, литератор
Фома Аквинский — богослов, философ, писатель
Фрадкин, Марк –композитор
Франк, Илья — академик, физик (Нобелевская премия, 1958)
Франц Иосиф — австро-венгерский император
Фрейд, Зигмунд — врач-психиатр, основоположник психоанализа, писатель-публицист
Френкель, Ян — композитор
Фридман, Милтон — экономист (Нобелевская премия, 1976)
Фриш, Отто — физик
Фришер, Зелик — врач, историк
Фруг Семен — поэт, публицист

Хавкин, Владимир — бактериолог, врач
Хазин, Михаил — писатель, публицист, переводчик
Хайкин, Борис — дирижер, педагог
Харитон, Юлий — академик, физик, главный конструктор и научный руководитель КБ, в котором разрабатывалось советское ядерное оружие (атомная и водородная бомбы)
Харник, Шелдон — поэт-песенник
Хасдай Шапрут — советник Кордовского халифа
Хейзе, Пауль — писатель (Нобелевская премия, 1910)
Хейфец, Иосиф — кинорежиссер, педагог
Хейфец, Яша — скрипач
Хеллер, Джозеф — писатель
Хеллман, Лилиан — драматург, писательница
Хоффман, Дастин — киноактер, режиссер, продюсер (Оскар, 1980, 1989)
Хренников, Тихон — композитор

Цвейг, Арнольд — писатель
Цвейг, Стефан — писатель
Цветаева, Марина — поэтесса
Цейтлин, Лев — скрипач, педагог
Целан, Пауль — поэт, переводчик
Цимбалист, Ефрем — скипач
Цунц, Леопольд — историк, писатель
Цфасман, Александр — композитор, пианист
Цыпкин, Леонид — врач, писатель

Чайковский, Петр Ильич — композитор
Чаковский, Александр — писатель
Чейн, Эрнст — биохимик (Нобелевская премия, 1945), один из первооткрывателей пенициллина
Черниховский, Саул — поэт, врач
Черный, Саша — поэт, прозаик
Чехановер, Аарон — биохимик (Нобелевская премия, 2004)
Чехов, Михаил — актер, театральный режиссер, педагог
Чуковский, Корней — поэт, писатель
Чуковская, Лидия — писательница, журналистка

Шагал, Марк — художник
Шаинский, Владимир — композитор
Шалев, Ицхак — поэт, прозаик
Шалев, Меир — писатель
Шаляпин, Федор — оперный певец
Шамир, Моше — писатель
Шварц, Евгений — драматург, сценарист
Шварц, Исаак — композитор
Шекспир, Вильям — поэт, драматург
Шемер, Наоми — композитор
Шёнберг, Арнольд — композитор
Шехтман, Даниэль — физик, химик (Нобелевская премия, 2011)
Шкловский, Виктор — литературовед, писатель, киносценарист

Шлёнский, Авраам — поэт, переводчик
Шнеерсон, Иосиф — Шестой Любавичский Реббе
Шнеерсон, Самуил (Махарш) — Четвертый Любавичский Реббе
Шнеур Залман — Первый Любавичский Реббе (Алтер Реббе), основатель Хабада
Шнитке, Альфред — композитор
Шолом Алейхем — писатель
Шостакович, Дмитрий — композитор
Шохин Ширази — средневековый поэт
Шоу, Ирвин — писатель
Шраер, Максим — литературовед, писатель, переводчик
Штейнберг, Лев — дирижер, композитор, педагог
Штемлер, Илья — писатель
Штильман, Артур — скрипач, музыковед
Шуман, Роберт — композитор, дирижер, педагог

Щедровицкий, Дмитрий — поэт, переводчик, богослов

Эдуард — король Англии
Эзра — библейский пророк, первосвященник, воссоздавший еврейскую государственность в Иерусалиме после Вавилонского пленения
Эзра, Авраам — средневековый ученый, поэт
Эзра, Моисей — средневековый поэт, философ
Эйдельман, Натан — писатель, историк, литературовед
Эйнштейн, Альберт — физик (Нобелевская премия, 1921)
Экклезиаст — библейский пророк, философ, автор ветхозаветной «Книги Экклезиаста»
Элиот, Джордж — писательница
Элиэзер Бен-Йехуда (Лейзер-Ицхок Перельман) — лингвист, публицист, пионер возрождения иврита в качестве разговорного языка евреев
Энгель, Юлий — композитор
Эмерсон, Ральф — пастор, философ, поэт
Эрдман, Николай — драматург, поэт, киносценарист
Эренбург, Илья — писатель, поэт, журналист
Эрлих, Пауль — врач, бактериолог, химик (Нобелевская премия, 1908)

Юдифь — библейская праведница, персонаж ветхозаветной «Книги Юдифи»
Юнг, Карл Густав — ученый-психолог
Юрис, Леон — писатель
Юрьева, Изабелла — эстрадная певица

Ябров, Александр — ученый-биолог, философ
Якоби, Борис — физик, электрохимик, изобретатель
Якоби, Карл — математик, механик
Якобсон, Давид — раввин местечка Любавичи
Якобсон, Леонид — балетмейстер
Ямпольский, Абрам — скрипач, педагог
Ямпольский, Борис — писатель
Ярви, Неэме — дирижер
Ясенский, Бруно — писатель, поэт, драматург

ОБ АВТОРЕ

Автор у памятника Моисею Маймониду в г. Кордова (Испания)

ЮРИЙ ОКУНЕВ — ученый в области теоретической радиотехники, писатель-публицист, автор научных монографий и книг историко-публицистического жанра на русском и английском языках.

Родился в Санкт-Петербурге, окончил Ленинградский электротехнический институт связи им. проф. М.А. Бонч-Бруевича (ныне С.-Петербургский государственный университет телекоммуникаций). После окончания аспирантуры и защиты диссертации многие годы возглавлял лабораторию передачи дискретной информации — ведущую отраслевую научно-исследовательскую лабораторию СССР в области цифровой радиосвязи, получившую мировое признание за пионерские работы по теории и технике фазо-разностной модуляции. Параллельно читал в институте курсы лекций по теории передачи сигналов и системотехнике. В Советском Союзе опубликовал 14 монографий и учебных пособий по теории кодирования, модуляции и обработки сигналов, в том числе: «Основы теории разделения и кодирования сигналов», «Системы связи с инвариантными характеристиками помехоустойчивости», «Принципы системного подхода к проектированию в технике связи», «Теория фазоразностной модуляции», «Цифровая передача информации ФМ сигналами».

С 1993-го года Юрий Окунев работает в телекоммуникационной индустрии США: Bell Labs of Lucent Technologies, General DataCom/PC-Tel, Symbol-Technologies/Motorola, Innurvation Inc. Участвовал в разработке современных систем и технологий проводной и радиосвязи: компьютерные модемы, системы радиосвязи на базе высоколетящих аэро-космических платформ, технологии мобильной радиосвязи CDMA и OFDM, новое поколение систем RFID, акустические системы беспроводной передачи изображений из желудочно-кишечного тракта человека. В США получил 28 патентов на изобретения, опубликовал несколько научных статей и монографию «Phase and Phase-Difference Modulation in Digital Communications» (Artech House, Boston–London).

В 2007 году Институт инженеров в области электротехники и электроники (IEEE) присудил Ю. Окуневу почетную награду имени Чарльза Гирша (*IEEE Charles Hirsch Award*) за «выдающийся вклад в теорию фазовой модуляции и разработку мобильных систем радиосвязи».

В последние годы Юрий Окунев опубликовал несколько книг и большое число очерков в жанре художественной публицистики на русском и английском языках.

В 2002 году изд-во «Искусство России» в С.-Петербурге выпустило историко-мемуарную книгу «Письма близким из XX века». В 2003 году в журнале Бориса Стругацкого «Полдень — XXI век» была опубликована новелла-антиутопия «Долгое несчастье Билла Стресснера»; впоследствии эта новелла выпущена в США издательством AuthorHouse в виде отдельной книжки под названием «The Lost War — Проигранная война» с параллельными текстами на английском и русском языках.

В 2004 году «Искусство России» издало книгу «Ось всемирной истории» — сборник эссе на темы еврейской истории и философии. Эта книга несколько раз переиздавалась: в 2006 году издательством Hermitage Publishers под редакцией известного писателя Игоря Ефимова, в 2010 году издательством M•Graphics, а в 2008 и 2009 годах издательствами Xlibris и AuthorHouse на английском языке — «The Axis of World History».

В 2009 году издательство M•Graphics выпустило памфлет «Старческая болезнь левизны в либерализме», а издательство AuthorHouse — его английский перевод «The Incurable Leftist Disease in Modern Liberalism». Издательство M•Graphics выпустило в свет также мемуары «Детство, которого не было...» (2010) и книгу избранного «По дороге в XXI век» (2013).

Книга «The Axis of World History» получила награду USA Book News — «The National 2008 Best Book Awards» и вошла в число лучших книг Соединенных Штатов Америки за 2008 год в категории «Мировая история».

Очерки Юрия Окунева — «Слово о Владимире Жаботинском», «Почему Россия проиграла Америке лунную гонку», «Шестидневный аккорд истории Библейского масштаба», «Смерть велижского резника», «Гений, удушенный в подворотне», «Призрак бродит по Америке — призрак Чемберлена», «Можно ли одновременно любить и почитать Высоцкого и Сталина?», «Кафкианский процесс над еврейским народом», «Ссыльный небожитель», «Предел и барьер Бабьего Яра», «Чудо в трагической оболочке», «Дорога к рабству», «Сага о восставшем из пепла», «Найден портрет знаменитого раввина Любавичей — родины Хабада», «Вхождение в еврейскую культуру» и другие — опубликованы в журналах, газетах и интернет-изданиях. Некоторые из них вошли в книгу избранного «По дороге в XXI век».

Михаил Минаев

M·Graphics Publishing
Апрель 2014

Другие книги автора

«Старческая болезнь левизны в либерализме»
ISBN: 978-1-934881156, 2009 г.
Мягк. обл., 132 стр., Формат 5.5" x 8.25"

В книге рассматриваются не идеи либерализма, а его тяжелая болезнь. Есть либерализм и есть болезнь левизны в либерализме, и это не одно и то же! Чтобы убедиться, что такова позиция автора по отношению к либерализму, читателю придется прочитать еще хотя бы одну главу этой работы...

«Детство, которого не было...»
ISBN: 978-1-934881286, 2010 г.
Тв. обл., 244 стр., илл. Формат 5.5" x 8.25"

Первое десятилетие моей жизни, с 1937 по 1947 год, совпало с тяжелейшим — подчеркиваю, тяжелейшим и страшнейшим десятилетием в писаной истории человеческого рода. Любое другое десятилетие было лучше — проверьте и убедитесь в этом.

«Ось всемирной истории...»
ISBN: 978-1-934881415, , 2010, 3-е изд.
Мягк. обл., 576 стр., илл. Формат 6" x 9"

Западный мир, основанный на Библейских пророчествах, оказался в особенно затруднительном положении — как победить зло, оставаясь в рамках этических норм иудео-христианской цивилизации? В книге предпринята еще одна попытка дать ответ на вопрос, как бороться со злом, но многие с этим ответом не согласны...

«По дороге в XXI век»
ISBN: 978-1-934881903, 2013 г.
Тв. обл., 628 стр., илл., Формат 6" x 9"

Сборник избранного. Это — путевые заметки по дороге от предков к потомкам, это — размышления в пути из прошлого в будущее о том, что мы несем с собой. Три основные части книги имеют названия: часть первая — «Очерки-эссе», часть вторая — «Воспоминания», часть третья — «Проза».

Эти и другие книги нашего издательства вы можете приобрести на нашем вебсайте по адресу:

http://www.mgraphics-publishing.com/ru/ru_books1.html

Made in the USA
Monee, IL
10 September 2026

62771007R00118